essentials

Essentials liefern aktuelles Wissen in konzentrierter Form. Die Essenz dessen, worauf es als „State-of-the-Art" in der gegenwärtigen Fachdiskussion oder in der Praxis ankommt. Essentials informieren schnell, unkompliziert und verständlich.

- als Einführung in ein aktuelles Thema aus Ihrem Fachgebiet
- als Einstieg in ein für Sie noch unbekanntes Themenfeld
- als Einblick, um zum Thema mitreden zu können.

Die Bücher in elektronischer und gedruckter Form bringen das Expertenwissen von Springer-Fachautoren kompakt zur Darstellung. Sie sind besonders für die Nutzung als eBook auf Tablet-PCs, eBook-Readern und Smartphones geeignet.

Essentials: Wissensbausteine aus Wirtschaft und Gesellschaft, Medizin, Psychologie und Gesundheitsberufen, Technik und Naturwissenschaften. Von renommierten Autoren der Verlagsmarken Springer Gabler, Springer VS, Springer Medizin, Springer Spektrum, Springer Vieweg und Springer Psychologie.

Martina Schäfer

Erfolgsfaktor Alleinstellungsmerkmal

Das Fundament für eine starke Kanzleimarke

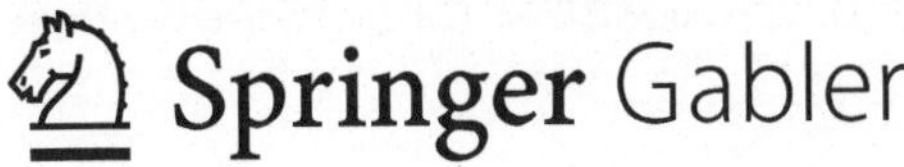

Martina Schäfer
Diplom-Kauffrau
Berlin, Deutschland

ISSN 2197-6708
ISSN 2197-6716 (electronic)
ISBN 978-3-658-06931-5
ISBN 978-3-658-06932-2 (eBook)
DOI 10.1007/978-3-658-06932-2

Die Deutsche Nationalbibliothek verzeichnet diese Publikation in der Deutschen Nationalbibliografie; detaillierte bibliografische Daten sind im Internet über http://dnb.d-nb.de abrufbar.

Springer Gabler

Gedruckt auf säurefreiem und chlorfrei gebleichtem Papier

Springer Gabler ist eine Marke von Springer DE. Springer DE ist Teil der Fachverlagsgruppe Springer Science+Business Media
www.springer-gabler.de

Was Sie in diesem Essential finden können

- Gründe, warum ein Alleinstellungsmerkmal einen wesentlichen Beitrag zum wirtschaftlichen Erfolg einer Kanzlei leistet.
- Kriterien aus denen Rechtsanwälte, Steuerberater und Wirtschaftsprüfer ihr Alleinstellungsmerkmal entwickeln können.
- Leitfragen, nach denen Kanzleien ihren Status Quo bestimmen können.
- Anregungen, wie sich Lücken auf dem Weg zu einem überzeugenden Alleinstellungsmerkmal schließen lassen.
- Maßnahmenplan für die Entwicklung des passenden und anziehungskräftigen Alleinstllungsmerkmals.

Vorwort

In der täglichen Arbeit sehe ich immer wieder, wie wenig Kanzleien ihre Chancen im Marketing nutzen. Dabei bietet sich ihnen hier sehr viel Potenzial für die Mandantenakquise und Mandantenbindung. Denn den Zulauf, den Rechtsanwälte und Steuerberater noch vor wenigen Jahren wie selbstverständlich erlebten, haben sie heute meist nicht mehr. Der Wettbewerb ist härter geworden und viele Kanzleien kämpfen um neue Mandate oder darum, bestehende zu halten. Umso wichtiger ist es für sie, Aufmerksamkeit zu erzielen und die eigenen Stärken deutlich zu machen. Genau dies lässt sich durch gezieltes Kanzleimarketing erreichen.

Voraussetzung dafür ist jedoch, dass Rechtsanwälte, Steuerberater und Wirtschaftsprüfer ihre Stärken und die ihrer Kanzlei kennen. Denn nur so können sie diese überzeugend darstellen und auch kommunizieren. Schließlich geht es darum, Mandanten und solchen, die es werden sollen, eine Orientierung über die eigenen Fähigkeiten und Leistungen zu geben, sodass dann auch die „richtigen" Mandanten den Weg in die Kanzlei finden. Außerdem geht es gerade bei Dienstleistungen wie rechtlicher oder steuerlicher Beratung darum, Glaubwürdigkeit zu vermitteln und Vertrauen zu gewinnen. Denn nur wenn Mandanten eine Kanzlei als seriös und vertrauenswürdig wahrnehmen, werden sie sich dort mit ihren Anliegen hinwenden. Und nur so können langfristige und belastbare Mandantenbeziehungen entstehen, die sogar zu Empfehlungen führen und darüber wieder neue Mandanten für die Kanzlei anziehen.

Marketingmaßnahmen sollten immer sorgfältig geplant und vorbereitet werden, damit sie ihre Ziele wirklich erreichen. Ohne Konzept und Strategie wäre die Gefahr viel zu groß, Vertrauen und Glaubwürdigkeit zu verspielen. Ein gezieltes Vorgehen ist daher dringend zu empfehlen. Grundlage und Erfolgsfaktor für ein wirkungsvolles Kanzleimarketing ist erst einmal das passende Alleinstellungsmerkmal. Damit heben der Rechtsanwalt, Steuerberater oder Wirtschaftsprüfer und seine Kanzlei sich vom Wettbewerb ab. Und auf diese Weise geben sie der Öffentlichkeit Orientierung und ziehen ihre Wunschmandanten an. Welche Aspekte in das Alleinstellungsmerkmal einfließen können, vermittelt dieses Essential. Dazu unterstützt es Rechtsanwälte, Steuerberater und Wirtschaftsprüfer dabei, ihren Status Quo zu ermitteln und diesen als Ausgangspunkt für weitere Schritte auf dem Weg zu einem wirkungsvollen Alleingstellungsmerkmal zu nutzen.

Erfolgsfaktor Alleinstellungsmerkmal ist das erste Essential in einer vierteiligen Reihe, das Kanzleien hin zu einem erfolgreichen Kanzleimarketing begleitet. Die weiteren Essentials haben die Themen Corporate Identity, Kanzleikommunikation und Kanzleiorganisation. Mit diesen vier Essentials möchte ich Rechtsanwälte, Steuerberater und Wirtschaftsprüfer dabei unterstützen, in ihrer Außenwirkung stärker zu überzeugen und sich die Akquise von Mandanten und deren langfristige Bindung zu erleichtern. Ich würde mich sehr freuen, wenn Sie viele nützliche Anregungen für sich finden und diese umsetzen können.

Viel Erfolg dabei wünscht

Martina Schäfer

P.S. Teilen Sie mit mir Ihre Erfahrungen zum Erfolgsfaktor Alleinstellungsmerkmal. Ich freue mich von Ihnen zu lesen: info@finis-kommunikation.de.

P.P.S. In diesem Essential ist der besseren Lesbarkeit halber durchgängig von Rechtsanwälten, Steuerberatern, Wirtschaftsprüfern und Kanzleiinhabern die Rede. Alle Vertreterinnen dieser Berufe bitte ich, beim Lesen in Gedanken ein „in“ anzuhängen. Selbstverständlich sind Sie in diesem Essential genauso angesprochen wie Ihre männlichen Pendants.

Inhaltsverzeichnis

Abbildungsverzeichnis

Tabellenverzeichnis

1 Erfolgsfaktor Alleinstellungsmerkmal – Einführung

Mehr als 90.000 Steuerberater, über 160.000 Rechtsanwälte alleine in Deutschland – diese gewaltigen Zahlen bieten gewichtige Argumente für ein Alleinstellungsmerkmal, auch Unique Selling Proposition oder Unique Selling Point (USP) genannt. Sie drängen Rechtsanwälte, Steuerberater aber auch Wirtschaftsprüfer geradezu, die eigene Kanzlei als Marke zu entwickeln und am Markt zu etablieren. Denn ohne USP besteht die Gefahr, in der großen Masse an Wettbewerbern unterzugehen. Schließlich können potenzielle Mandanten ohne Hinweise in der Außendarstellung oder Kommunikation einer Kanzlei nicht erkennen, welcher Rechtsanwalt, Steuerberater oder Wirtschaftsprüfer für ihren speziellen Fall oder ihre besonderen Bedürfnisse am besten geeignet wäre. Wie verbreitet Einzelkämpfer und Generalisten aber trotz der schwierigen Marktposition heute noch sind, zeigt das Beispiel der Rechtsanwälte. Hier arbeiten empirischen Studien zufolge 55 % in einer Einzelkanzlei. Von diesen wiederum sind knapp ein Drittel als Generalisten in verschiedenen Rechtsgebieten tätig. Aus einer solchen Konstellation ergeben sich für sie jedoch große Herausforderungen bei der Vermarktung, sodass es sich schwierig gestaltet, die Kanzlei zu einem wirtschaftlichen Erfolg zu führen. Steuerberater und Wirtschaftsprüfer sehen sich den gleichen großen Aufgaben gegenüber.

Aus Sicht der Mandanten bedeutet das: Ihnen fehlt in dem großen Angebot auf dem Markt schlicht und einfach die Orientierung. So lassen sie sich leiten von Empfehlungen anderer – von persönlichen oder über Kontakte in Sozialen Netzwerken. Das Problem dabei: Die Fälle sind oft nicht vergleichbar, sodass die eigene gute Erfahrung nicht zwingend auf andere Personen übertragbar ist. Manchmal entscheiden potenzielle Mandanten aber auch einfach nach Kriterien wie räumlicher Nähe, „Ich habe den Namen schon einmal in einer Kolumne im Wochenblatt

M. Schäfer, *Erfolgsfaktor Alleinstellungsmerkmal,* essentials,
DOI 10.1007/978-3-658-06932-2_1

gelesen" oder ähnlichem. Auf diese Weise kommt es zu Zufallsmandaten, die mit Glück tatsächlich passen – zur Kanzlei und zum neuen Mandanten. Oft werden in solchen Fällen die Erwartungen auf der einen und/oder der anderen Seite jedoch nicht erfüllt. Auf Seiten des Steuerberaters oder Rechtsanwalts kann das bedeuten, dass er sich zunächst mit viel Aufwand in ein ihm kaum bekanntes Fachgebiet einarbeiten muss. Die Zeit, die er dafür benötigt, fehlt ihm dann für andere Mandate. Dadurch kann sich ein solch hoher Zeitaufwand negativ auf die wirtschaftliche Entwicklung seiner Kanzlei auswirken, besonders wenn sich dies regelmäßig wiederholt. Außerdem kann es sein, dass er in einem ihm fremden Fachbereich wichtige Punkte unberücksichtigt lässt. In diesem Fall leidet aus Unkenntnis die Qualität der Beratung. Auf Seiten des Mandanten kann es dadurch schnell zu großer Enttäuschung kommen. Denn er hatte sich die Betreuung durch seinen Rechtsanwalt oder Steuerberater vielleicht anders vorgestellt. Oder aber er fühlt sich nicht gut vertreten und ist unsicher, ob das erzielte Ergebnis tatsächlich das Optimum darstellt. Falsche Erwartungen und Enttäuschungen lassen sich mit einem gut ausgearbeiteten USP oder einer Kanzlei-Marke jedoch gleich von vornherein ausschließen.

Gerade in der Mandantenakquise spielt das Alleinstellungsmerkmal daher eine sehr wichtige Rolle. Denn es gibt Orientierung und übernimmt damit auch eine Steuerungsfunktion. Das gilt bei Rechtsanwälten, Steuerberatern und Wirtschaftsprüfern gleichermaßen. Immerhin ist es heute nicht mehr so wie in früheren Jahren, als Mandanten sich darum beworben haben, von ihrer Wunschkanzlei betreut zu werden. Aufgrund der großen Zahl an Vertretern dieser Berufsstände ist es heute vielmehr so, dass die Mandanten die Qual der Wahl haben. Das bedeutet: Rechtsanwälte, Steuerberater und Wirtschaftsprüfer müssen akquirieren. Das gilt für neu gegründete Kanzleien. Und das gilt genauso für schon länger bestehende Kanzleien, bei einer Übernahme oder ganz allgemein, wenn Wachstum geplant ist. Schließlich darf es dann weder nur bei den Mandanten bleiben, die gleich bei der Gründung der Beratung des Inhabers vertrauten noch bei denen, die der Kanzleiinhaber schon von seinem Vorgänger übernommen oder die ein neuer Partner mitgebracht hat. Stattdessen sollten regelmäßig neue hinzukommen. Außerdem müssen immer wieder ausscheidende Mandanten ersetzt werden.

Entscheidend für den Erfolg einer Kanzlei ist, dass ihr Inhaber oder die Partner bei der Akquise die „richtigen" Mandanten gewinnen. Denn nur dann wird sich ein Mandat langfristig wirtschaftlich positiv auswirken – durch eine dauerhafte, belastbare Mandantenbeziehung, durch Empfehlungen an weitere potenzielle – und vor allem passende – Mandanten sowie mit Vertrauen und Freude bei der Zusammenarbeit aller Beteiligten. Erleichtern können sich Rechtsanwälte, Steuerberater und Wirtschaftsprüfer ihre Mandantenakquise durch ihr gut gewähltes und geeignetes Alleinstellungsmerkmal, das sie deutlich nach außen kommunizieren und das

das Fundament für die Kanzlei-Marke//bildet. Durch ihren USP machen sie klar, was sie können, wofür sie stehen und was sie bieten. Und sie fallen auf und heben sich vom Wettbewerb ab. So sprechen sie mit ihrem Alleinstellungsmerkmal und ihrer Marke genau die potenziellen Mandanten an, die zu ihnen und ihrer Kanzlei passen – und sie schließen von vornherein diejenigen aus, die nicht der eigenen Zielgruppe entsprechen. Wichtig dabei ist allerdings, den USP konsequent umzusetzen und tatsächlich Anfragen, die nicht zum Kanzlei-Profil passen, abzulehnen. Sonst besteht die Gefahr, das Alleinstellungsmerkmal zu verwässern.

Auch höhere Honorare können rechtliche und steuerliche Berater mit einem überzeugenden USP leichter durchsetzen. Gerade wenn es um Spezialwissen, besondere Themen oder einen außergewöhnlichen Service geht, sind Mandanten oft dazu bereit, individuelle Vergütungsvereinbarungen zu treffen, die die in den Vergütungsordnungen festgelegten Honorare deutlich übersteigen können. Für die Kanzlei zahlt sich das Alleinstellungsmerkmal dann nicht erst langfristig durch den passenden und beständigen Mandantenstamm sondern bereits kurzfristig in barer Münze aus.

Der Begriff „Alleinstellungsmerkmal"

▶ **Definition** Alleinstellungsmerkmal (USP): einzigartiges Verkaufsversprechen bei der Positionierung einer Leistung. Der USP soll durch Herausstellen eines einzigartigen Nutzens das eigene Produkt von den Konkurrenzprodukten abheben und den Konsumenten zum Kauf anregen. Durch Marktsättigung und objektive Austauschbarkeit der Produkte erlangt der USP zunehmend an Bedeutung.

Springer Gabler Verlag (Herausgeber), Gabler Wirtschaftslexikon, Stichwort: Unique Selling Proposition (USP), online im Internet: http://wirtschaftslexikon.gabler.de/Archiv/81361/unique-selling-proposition-usp-v7.html.

Was genau ist aber eigentlich das Alleinstellungsmerkmal? Der Begriff stammt aus dem Marketing. Damit gemeint ist ein Merkmal, das die eigene Leistung bzw. das eigene Angebot von demjenigen der Wettbewerber unterscheidet. Auch eine Kombination verschiedener Punkte ist möglich. Der USP kann demnach eine besondere fachliche Spezialisierung oder die Ausrichtung auf eine bestimmte Zielgruppe sein. Er kann sich aber auch durch den angebotenen Service ausdrücken, in den speziellen Erfahrungen des Rechtsanwalts, Steuerberaters oder Wirtschaftsprüfers liegen, sich aus seiner Persönlichkeit ableiten oder durch eine besondere Mischung einzelner Merkmale aus den verschiedenen Bereichen entstehen (vgl. Abb. 1.1). In jedem Fall verspricht das Alleinstellungsmerkmal oder der Mix verschiedener Elemente dem potenziellen Mandanten einen Nutzen oder Mehrwert, den er so bei anderen Kanzleien nicht für sich findet. Auch wenn es kaum vorstell-

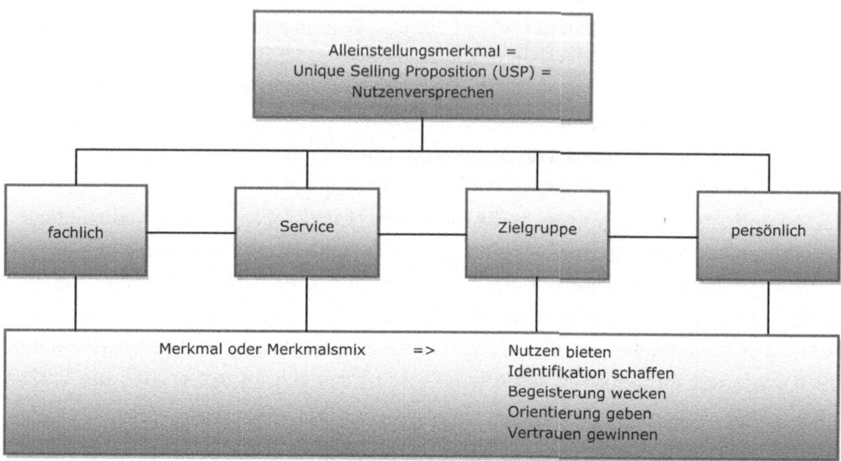

Abb. 1.1 Mögliche Ausprägungen des Alleinstellungsmerkmals

bar scheint, dass sich landesweit niemand findet, der das gleiche Leistungspaket bietet, so ist eine solche Einzigartigkeit regional durchaus auch heute noch erreichbar. Idealerweise handelt es sich beim USP um ein Merkmal, mit dem der Mandant sich identifiziert oder das ihn begeistert. Denn erst dann entfaltet es für ihn eine ausreichend starke Anziehungskraft, um den Erstkontakt zur Kanzlei zu „wagen" und aufzunehmen. Und erst dadurch verschafft es auch der Kanzlei den entscheidenden Vorsprung im Wettbewerb mit anderen Vertretern des Berufsstands und Zugang zu den Wunschmandaten. Das heißt, sie positioniert sich gezielt in einem Marktsegment und erreicht dadurch die „richtigen" Mandanten.

▶ **Definition** Positionierung: Die Positionierung im Marketing bezeichnet das gezielte, planmäßige Schaffen und Herausstellen von Stärken und Qualitäten, durch die sich ein Produkt oder eine Dienstleistung in der Einschätzung der Zielgruppe klar und positiv von anderen Produkten oder Dienstleistungen unterscheidet.

aus Wikipedia: http://de.wikipedia.org/wiki/Positionierung_(Marketing).

Konzentration auf Alleinstellungsmerkmal versus „Bauch- oder Gemischtwarenladen"
Da ein einzelnes Merkmal schon sehr besonders sein muss, um eine Kanzlei heute entscheidend gegenüber den Wettbewerbern herauszuheben, werden die meisten

Rechtsanwälte, Steuerberater oder Wirtschaftsprüfer ihren USP in der Kombination verschiedener Punkte finden. Wichtig ist dabei, dass sie sich wirklich trauen, sich auf bestimmte Punkte in ihrem Angebot und ihrer Außendarstellung festzulegen und den „Bauch- oder Gemischtwarenladen" – also eine Leistungspalette, die alle möglichen Fachbereiche, Zielgruppen oder Leistungen umfasst – abzulegen. Denn nur so können sie ihre Kanzlei zu einer Marke entwickeln und im Markt etablieren. Und sich trauen heißt hier ganz klar: konsequent „Nein" sagen zu allen Anfragen, die nicht zum Alleinstellungsmerkmal passen. Ohne Konsequenz in dieser Frage wird nämlich der Erfolg ausbleiben. Denn erst einmal wird die Zeit wieder knapper, in der der rechtliche oder steuerliche Berater sich auf seine Wunschmandate konzentrieren kann. Und zum anderen verwässern Mandate, die nicht zur Kanzlei passen, ihr Profil.

Was Rechtsanwälte, Steuerberater und Wirtschaftsprüfer sich vor der Entscheidung für die Konzentration auf einen USP verdeutlichen müssen, ist: Ein umfangreiches Angebot in Form eines „Bauchladens" gibt ihnen nur scheinbare Sicherheit. So nehmen viele von ihnen zwar an, dass sie auf diese Weise eine größere Anzahl potenzieller Mandanten ansprechen und erreichen. Tatsächlich stimmt dies aber nicht. Denn abgesehen davon, dass sie in der großen Schar der Wettbewerber ohne Unterscheidungsmerkmal untergehen, heißt es nicht umsonst auch: „Wer alles kann, kann nichts richtig." Und genau diesen Punkt sehen auch mögliche Mandanten. Schließlich ist diesen meist klar, dass gerade in so umfangreichen Fachgebieten wie Recht und Steuern niemand alles wissen oder sämtliche Servicebedürfnisse abdecken kann. Das aber bedeutet, sie vermuten weniger Know-how hinter einem allgemein gehaltenen Kanzleiprofil. Oder sie gehen davon aus, dass die Kanzlei den versprochenen Service tatsächlich nicht wie angekündigt bieten wird. Jemand, der vorgibt, auf jedem Gebiet Experte zu sein oder alle möglichen Serviceanforderungen abzudecken, macht sich also unglaubwürdig. Die Folge ist, dass potenzielle Mandanten sich einen anderen anwaltlichen oder steuerlichen Berater suchen, dessen Spezialisierung auf die benötigte fachliche Expertise oder den gewünschten Service schließen lässt – und das, obwohl die ursprünglich ins Auge gefasste Kanzlei vielleicht sogar besser geeignet gewesen wäre, was ohne klaren USP jedoch nicht deutlich wurde. Aus der vermuteten Sicherheit einer breiten Leistungspalette wird somit ein Erfolgshindernis.

Deutlich anziehungskräftiger ist daher eine Kanzlei, die sich auf bestimmte Bereiche und Stärken konzentriert. Denn damit beweist sie, dass sie sich ihrer besonderen Fähigkeiten bewusst ist. Natürlich bedeutet das erst einmal: Sie weist einen Teil derjenigen ab, die auf der Suche nach einem Rechtsanwalt, Steuerberater oder Wirtschaftsprüfer sind – nämlich die, die sich mit ihren Anforderungen im kommunizierten Profil der Kanzlei nicht wiederfinden. Das sind jedoch diejenigen, die ohnehin nicht zu den Wunschmandanten zählen, weil sie vielleicht eine andere fachliche Ausrichtung benötigen oder den angebotenen Service so nicht brauchen. Die für sie interessanten Mandanten gewinnt die Kanzlei aber genau durch diese klare Positionierung und die damit verbundene Ausgrenzung anderer Tätigkeitsbereiche. Denn bei diesen Mandanten erzeugt sie auf diese Weise Vertrauen in ihre dargestellten Kompetenzen. Und dies ist von großer Bedeutung. Immerhin verlangt die Vergabe eines Mandates an einen Rechtsanwalt, Steuerberater oder Wirtschaftsprüfer einen großen Vertrauensvorschuss. Denn wie bei allen hoch spezialisierten Dienstleistungen wird ein Mandant in der gesamten Beziehung zu seinem rechtlichen oder steuerlichen Berater kaum in der Lage sein, die tatsächliche Qualität der erbrachten Leistung zu beurteilen. Schließlich ist er Laie und kann daher meist nur erkennen, ob das Ergebnis nach Abschluss eines Verfahrens oder der steuerlichen Bearbeitung oder ob die Betreuung und der Service zu seinen Erwartungen passen. Zu Beginn einer Mandantenbeziehung ist eine solche Einschätzung jedoch überhaupt noch nicht möglich. Hier gewähren die klare Darstellung des USP und eine starke Marke ein Stück Sicherheit bei der Entscheidung und werden damit zum entscheidenden Auswahlkriterium. Für die Kanzlei bedeutet das also, dass das Alleinstellungsmerkmal und die daraus entwickelte Marke zum entscheidenden Erfolgsfaktor gegenüber dem Wettbewerb werden. Das heißt: Gedanken und Zeit, die der Inhaber oder die Partner in die detaillierte Entwicklung hineinstecken, sind gut investiert für den künftigen wirtschaftlichen Erfolg.

Wie USP und Marke zusammenhängen

► **Definition** 1. Eine Marke kann als die Summe aller Vorstellungen verstanden werden, die ein Markenname oder ein Markenzeichen bei Kunden hervorruft bzw. beim Kunden hervorrufen soll, um die Waren oder Dienstleistungen eines Unternehmens von denjenigen anderer Unternehmen zu unterscheiden. …

Springer Gabler Verlag (Herausgeber), Gabler Wirtschaftslexikon, Stichwort: Marke, online im Internet: http://wirtschaftslexikon.gabler.de/Archiv/57328/marke-v13.html.

Der Begriff Marke stammt ebenfalls aus dem Marketing und unterscheidet sich vom juristischen Markenbegriff, der ein rechtlich geschütztes Herkunftszeichen beschreibt. Der im Marketing verwendete Markenbegriff umfasst dagegen die Eigenschaften der angebotenen Leistungen oder ihre Kombination, durch die sich das Portfolio von dem der Wettbewerber unterscheidet. Das bedeutet: Erst die unterschiedlichen Ausprägungen der Leistungen, mit denen Kanzleien Mandanten

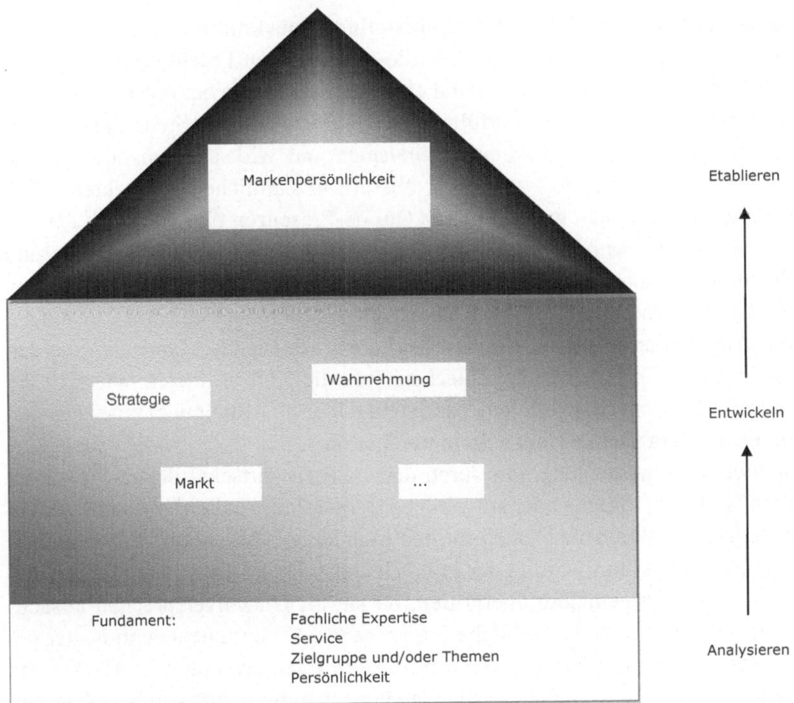

Abb. 1.2 Markengebäude

fachlich oder im Service betreuen, sorgen dafür, das sich Rechtsanwälte, Steuerberater oder Wirtschaftsprüfer von ihren Wettbewerbern abheben. Erst dadurch geben sie potenziellen und bestehenden Mandanten eine Orientierung. Damit unterstützen Leistungseigenschaften auch die Imagebildung eines Anbieters. Und sie schaffen Vertrauen beim Käufer im Sinne eines Qualitätsversprechens.

Das Alleinstellungsmerkmal bildet dabei das Fundament einer Marke. Ergänzt wird es um weitere Aspekte wie zum Beispiel die Wahrnehmung – die eigene und die von außen, strategische Überlegungen oder Marktgegebenheiten. Aus allen diesen Punkten kristallisiert sich schließlich die eigene Markenpersönlichkeit heraus. Dazu bedarf es einer sorgfältigen Analyse, bei der alle Kriterien zunächst gesammelt und zusammengeführt werden. Das Ergebnis hieraus führt dann zuerst zu einem passenden USP und unterstützt im nächsten Schritt dabei, ein starkes Markengebäude aufzubauen (vgl. Abb. 1.2).

Voraussetzung für den Erfolg des Alleinstellungsmerkmals

Damit der gut ausgearbeitete USP aber die gewünschten Früchte trägt und zum wirtschaftlichen Erfolg der Kanzlei und einer starken Marke beitragen kann, müssen noch zwei Voraussetzungen erfüllt sein: Der Rechtsanwalt, Steuerberater oder Wirtschaftsprüfer muss sein Alleinstellungsmerkmal wirksam und durchgängig nach außen kommunizieren – und zwar überall: in sämtlichen gedruckten Informationsmaterialien genau wie auf seinen Online-Präsenzen einschließlich der Sozialen Netzwerke. Denn nur wenn die Öffentlichkeit und somit potenzielle und bestehende Mandanten ihn wahrnehmen, können er und die Kanzlei profitieren. Schließlich können potenzielle Mandanten nur so überhaupt auf ihre Leistungen und das Angebot aufmerksam werden. Und auch bestehende Mandanten werden oft erst in dieser Form wirklich entdecken, was die Kanzlei bietet. Wie sich die Außendarstellung optimal gestalten lässt, steht daher im Mittelpunkt eines eigenen Essentials mit dem Thema Kanzleikommunikation.

Die zweite Voraussetzung, um durch den USP zu wirtschaftlichem Erfolg zu gelangen ist: Der rechtliche oder anwaltliche Berater muss halten, was er in seinem Alleinstellungsmerkmal als Nutzen für den Mandanten verspricht. Was eigentlich selbstverständlich klingt, wird in der Praxis leider schnell vernachlässigt. Deshalb sollten Kanzleien regelmäßig überprüfen, ob sie ihr Nutzenversprechen tatsächlich einlösen. Das heißt, die fachliche Expertise, die Zielgruppenkenntnis, der geleistete Service und die Persönlichkeit müssen mit den präsentierten Merkmalen übereinstimmen. Nur so bleibt die Mandantenbeziehung langfristig bestehen und mündet sogar in weitere Empfehlungen im persönlichen Umfeld des Mandanten – und zwar in die „richtigen". Anderenfalls wird sich der Mandant nach kurzer Zeit enttäuscht abwenden. Die große Gefahr hierbei: Menschen berichten über schlechte Erfahrungen erheblich häufiger als über positive. Eine Faustregel hierzu lautet: Schlechte Erfahrungen geben sie an elf Personen weiter, positive dagegen nur an drei. Entsprechend großen Wert sollten Rechtsanwälte, Steuerberater und Wirtschaftsprüfer daher darauf legen, dass das Alleinstellungsmerkmal ihnen tatsächlich entspricht. Denn nur so können sie den versprochenen Nutzen langfristig bieten und eine qualitativ hochwertige Leistung sicherstellen. Und nur so führt der USP zum gewünschten wirtschaftlichen Erfolg und wirkt sich positiv auf das Image der Kanzlei, auf ihre weitere Entwicklung und die Verbreitung der Marke aus.

Aus der Masse herausragen – Alleinstellungsmerkmal identifizieren

2

Die Anforderungen an ein wirksames Alleinstellungsmerkmal sind hoch. Schließlich soll es den Unterschied zu den Wettbewerbern deutlich machen und eine ausreichend große Anziehungskraft auf potenzielle Mandanten haben sowie bestehende an die Kanzlei binden. Und zusätzlich darf es auch gute Argumente für höhere Honorare durch individuelle Vergütungsvereinbarungen liefern. Denn das große Ziel hinter dem Alleinstellungsmerkmal lautet: Es soll den wirtschaftlichen Erfolg der Kanzlei langfristig fördern. Daraus folgt:

- Der USP muss zur Kanzlei und ihrem Inhaber oder den Partnern passen. Das heißt, sie müssen das damit verbundene Versprechen auch ausfüllen können. Denn nur wenn sie sich mit dem gewählten Alleinstellungsmerkmal vollkommen wohlfühlen und entsprechend dahinterstehen, können sie es erfolgreich leben und nach außen kommunizieren. Und nur so wirken sie mit ihrer Aussage auch glaubwürdig und überzeugend auf Mandanten.
- Der USP muss für einen längeren Zeitraum stimmig sein. Denn auch wenn eine Kanzlei sich weiterentwickelt und auch ihr Alleinstellungsmerkmal mit der Zeit anpasst oder noch genauer spezifiziert, so sollte es doch in seiner Basis erkennbar bleiben. Ein kompletter Wechsel – noch dazu, wenn er schnell erfolgt – würde nur unnötig Irritationen auslösen. Die Orientierungsfunktion wäre dann genauso verloren wie Vertrauen und Glaubwürdigkeit.
- Der USP muss den Mehrwert deutlich machen, den die Mandanten durch die Zusammenarbeit mit dieser speziellen Kanzlei haben. Denn nur wenn der Rechtsanwalt, Steuerberater oder Wirtschaftsprüfer den Mandanten wirklich einen Nutzen bietet, den sie in dieser Form bei Wettbewerbern nicht finden, werden sie ihm das Mandat erteilen. Das bedeutet, die Kanzlei muss mit ihrem Leistungs-

M. Schäfer, *Erfolgsfaktor Alleinstellungsmerkmal,* essentials,
DOI 10.1007/978-3-658-06932-2_2

paket den entscheidenden Schritt mehr gehen als ihre Wettbewerber, um sich von diesen abzuheben. Und: Sie muss diesen in ihrem Alleinstellungsmerkmal herausstellen, damit der Mehrwert ins Bewusstsein der Mandanten rückt.

Es gilt also, Eigenschaften der Kanzlei sowie ihres Inhabers oder der Partner, die diese Kriterien erfüllen, herauszufinden. Dies mag zuerst einmal leicht erscheinen, stellt sich in der Praxis oft jedoch als Herausforderung dar. Denn manches, was auf den ersten Blick ein gutes Alleinstellungsmerkmal sein könnte, erweist sich bei genauer Recherche als ungeeignet – entweder weil die Leistungen inzwischen selbstverständlich geworden sind, weil zu viele Wettbewerber diese ebenfalls anbieten oder aber weil die Mandanten zu wenig Interesse daran haben. Um einen anziehungsstarken und passenden USP zu entwickeln, heißt es daher erst einmal: Sammeln. Das bedeutet, der Kanzleiinhaber oder die Partner müssen alle Merkmale zusammenstellen, die sie und ihre angebotenen Leistungen beschreiben. Danach folgen die Analyse und die Ausarbeitung des USPs. Auch wenn dieser Weg langwierig und umständlich klingt – es gibt keine Abkürzung, wenn das Alleinstellungsmerkmal tatsächlich die gewünschte Wirkung erzielen soll. Ein schnell zusammengestelltes Profil taugt nicht als Qualitätsnachweis und als Unterscheidungskriterium gegenüber dem Wettbewerb.

Bei der Identifikation des Alleinstellungsmerkmals ist es wichtig, den Blick nach innen und nach außen zu richten. In der Innensicht sind zunächst einmal mehrere Komponenten zu betrachten: die fachliche Expertise, die Persönlichkeit, der Service und die angestrebte Zielgruppe oder besondere Themenschwerpunkte. Diese vier Aspekte lassen sich in einem USP-Quadrat zusammenfassen (vgl. Abb. 2.1). In der Außensicht kommen hinzu: Bedarf und Anforderungen der Mandanten sowie das Marktumfeld mit den Wettbewerbern und staatlichen Vorgaben. Beide Ebenen beeinflussen sich dabei gegenseitig. Denn nur wenn eine Kanzlei mit ihrem USP auf eine bestehende Nachfrage nach diesen konkreten Eigenschaften trifft, kann sie Mandanten gewinnen und binden. Nur dann wird der Mandant auch bereit sein, ein angemessenes Honorar für die Leistung des Rechtsanwalts, Steuerberaters oder Wirtschaftsprüfers zu bezahlen. Und nur wenn der Markt die Kanzlei nicht durch einzelne Vorgaben einschränkt, kann sie bestimmte Nischen mit ihrem Alleinstellungsmerkmal besetzen.

Um eine gute Basis für die Entwicklung des USPs zu haben, gehören alle Merkmale auf den Tisch, die den Rechtsanwalt, Steuerberater oder Wirtschaftsprüfer und seine Kanzlei ausmachen. Voraussetzung dafür ist eine realistische Beurteilung der verschiedenen Aspekte – von der eigenen Person, über die Mitarbeiter bis hin zur eingesetzten Technik oder den angewandten Methoden. Besonders schwer fällt vielen dabei die richtige Einschätzung der eigenen Vorzüge. Meist halten sie entweder entscheidende Merkmale für selbstverständlich und gehen davon aus, dass diese kein Unterscheidungskriterium gegenüber dem Wettbewerb sein könn-

Abb. 2.1 USP-Quadrat

ten. Oder sie sehen sich und ihre Fähigkeiten viel zu kritisch und übersehen auf diese Weise klare Pluspunkte gegenüber anderen Kanzleien. Bescheidenheit – oder besser „sein Licht unter den Scheffel zu stellen" – ist bei den Vorarbeiten für das Alleinstellungsmerkmal jedoch genauso fehl am Platz wie eine allzu herausgehobene Darstellung der eigenen Leistungen. Entscheidend ist schließlich, dass das Nutzenversprechen der Kanzlei ein realistisches Bild widerspiegelt. Nur so können Mandanten wirklich beurteilen, ob das Angebot ihren Anforderungen entspricht. Übertreibungen verhindern dies aber genauso wie Untertreibungen und wirken entsprechend als Erfolgsverhinderer. Im ersten Fall würden die Mandanten enttäuscht und sich schnell wieder anders orientieren. Im zweiten Fall kommt es vielleicht erst gar nicht zu einer Mandantenbeziehung, da entscheidende Anforderungen auf den ersten Blick nicht erfüllt würden. Dies zeigt, welche Bedeutung dem Alleinstellungsmerkmal zukommt und wie wichtig es ist, dies sorgfältig zu entwickeln. Und oft ist der Grat zwischen einem Zuviel und einem Zuwenig im Nutzenversprechen schmal.

2.1 Fachliche Schwerpunkte setzen

Fachanwaltschaften und Fachberater

Erstes Unterscheidungskriterium und wichtiger Aspekt für die Bestimmung eines Alleinstellungsmerkmals einer Kanzlei ist ihre fachliche Ausrichtung. Schließlich suchen Mandanten immer einen steuerlichen Berater oder einen anwaltlichen Vertreter, der ein konkretes Problem für sie löst. Der fachliche Schwerpunkt auf dem Kanzleischild, der Website oder in anderen Informationsmaterialien dient ihnen dabei als Orientierungsmarke. Dokumentieren können Rechtsanwälte dabei ihren Haupttätigkeitsbereich durch die Fachanwaltschaft. Steuerberater nutzen dazu den Fachberater. So weist potenziellen Mandanten nach einem Verkehrsunfall zum Beispiel der Titel Fachanwalt für Verkehrsrecht oder bei Unterhaltsstreitigkeiten der Fachanwalt für Familienrecht den Weg in die spezielle Kanzlei. Bei Steuerberatern ist es so, dass Gründer sich gezielt an einen Fachberater für die Unternehmensgründung wenden, Unternehmer in schwierigen wirtschaftlichen Phasen suchen Beratung beim Fachberater für die Insolvenz oder Vermögende nehmen die Unterstützung eines Fachberater für die Vermögens- oder Finanzplanung in Anspruch. Gerade mit Blick darauf, dass potenzielle und auch bestehende Mandanten Lösungen für konkrete Probleme erwarten, zeigt sich die Bedeutung der Fachanwaltschaften und Fachberater – in den Rechtsgebieten, wo diese vorhanden sind (vgl. Tab. 2.1). Denn diese übernehmen eine gewisse Wegweiser-Funktion und geben auch ein Qualitätsversprechen. Somit stellen diese Titel ein erstes entscheidendes Merkmal dar, das den jeweiligen Rechtsanwalt oder Steuerberater gegenüber einem Wettbewerber heraushebt, der seine Leistungen als „Bauch- oder Gemischtwarenladen" anbietet.

Übersicht

Tab. 2.1 Fachanwaltschaften und Fachberater

Übersicht Fachanwaltschaften, Dt. Anwaltsverein	*Übersicht Fachberater, Dt. Steuerberaterverband*
Agrarrecht	Rating
Arbeitsrecht	Sanierung- und Insolvenzverwaltung
Bank- und Kapitalmarktrecht	Internationale Rechnungslegung
Bau- und Architekturrecht	Testamentsvollstreckung und Nachlassverwaltung
Erbrecht	
Familienrecht	Unternehmensnachfolge
Gewerblicher Rechtsschutz	Mediation
Handel- und Gesellschaftsrecht	Controlling und Finanzwirtschaft
Informationstechnologierecht	Vermögens- und Finanzplanung
Insolvenzrecht	Gesundheitswesen
Medizinrecht	
Miet- und Wohnungseigentumsrecht	
Sozialrecht	
Steuerrecht	
Strafrecht	
Transport- und Speditionsrecht	
Urheber- und Medienrecht	
Verkehrsrecht	
Versicherungsrecht	
Verwaltungsrecht	

Interessengebiete

Wohl dem anwaltlichen oder steuerlichen Berater, der die notwendigen Fortbildungen und Qualifizierungen bereits absolviert hat, könnte man meinen. Doch was ist mit Rechtsanwälten und Steuerberatern, die sich noch auf dem Weg dorthin befinden? Und was ist mit solchen, für deren fachliche Schwerpunkte es keine entsprechenden Fachanwaltschaften und Fachberater gibt? Hier dient die Angabe der jeweiligen Interessensgebiete als Unterscheidungsmerkmal gegenüber dem Wettbewerb und als Orientierung für die Mandanten. Denn auch auf diese Weise erhalten sie wertvolle Hinweise, mit welchen Rechtsgebieten oder Steuerfragen sich die Kanzlei intensiv beschäftigt und über welche besondere fachliche Expertise sie dadurch verfügt. Dennoch gilt: Bei allen Fachgebieten, die die Möglichkeit bieten, sich als Fachanwalt oder Fachberater zu qualifizieren, sollte der Rechtsanwalt oder Steuerberater diese Chance nutzen. Denn ein solcher Titel bietet noch einmal einen deutlichen Vorteil gegenüber den Wettbewerbern, die diesen Fachbereich „nur" als Interessensgebiet angeben. Schließlich ist die Außenwirkung einer solchen Qualifikation nicht zu unterschätzen. Sie unterstreicht noch einmal die fachliche Kompetenz der Kanzlei und verschafft ihr dadurch einen erheblichen Vertrauensvorschuss bei neuen Mandanten.

Ein fachlicher Schwerpunkt bedeutet allerdings nicht, dass ein Rechtsanwalt oder Steuerberater sich ausschließlich mit den dazugehörigen Themen beschäftigt oder beschäftigen darf. Denn die meisten Kanzleien decken auch Bereiche mit ab, die an ihre eigentlichen Hauptarbeitsgebiete angrenzen. Hinzu kommt, dass sie auch allgemeine Aufgaben für ihre Mandanten abwickeln und durchführen wie dies zum Beispiel bei Rechtsanwälten mit dem Forderungsmanagement der Fall ist. Immerhin gehört eine solche umfassende Betreuung der Mandate zum Selbstverständnis der meisten Kanzleien dazu. Und auch die meisten Mandanten erwarten, dass ihr „Haus"-Anwalt oder –Steuerberater sie entsprechend unterstützt. Wichtig ist jedoch, dass der gewählte fachliche Schwerpunkt einer Kanzlei tatsächlich ihren Hauptaufgabenbereich ausmacht. Das heißt: Bei Themen, die allzu weit von der Spezialisierung entfernt liegen, sollte der Rechtsanwalt oder Steuerberater seinen Mandanten einen Kollegen mit entsprechender fachlicher Ausrichtung empfehlen. Ansonsten besteht die Gefahr, dass er seinen Schwerpunkt verwässert oder aber dass er nicht die gewohnte Qualität liefern kann und dadurch Mandanten verprellt. Gewarnt sei auch vor dem Gedanken „einmal ist kein Mal" oder „das merkt niemand, wenn ich hier eine Ausnahme mache". Das Risiko ist groß, dass sich solche Ausnahmen herum sprechen. Denn die unterschiedlichen Netzwerke oder Kontakte zwischen Mandanten sorgen oft für eine schnelle Verbreitung.

Wie viele Fachgebiete verträgt die Kanzlei

Die Anzahl der vertretenen Fachgebiete hängt von der Größe einer Kanzlei ab. Das heißt: Je mehr Partner dort zusammengeschlossen sind, desto mehr Spezialisierungen wird sie unter einem Dach vereinen können. Bei einer von einem einzelnen Inhaber geführten Kanzlei konzentriert sich dieser dagegen oft nur auf einen Fachbereich. Die Höchstgrenze der fachlichen Schwerpunkte dürfte in diesem Fall bei zwei liegen (vgl. Abb. 2.2, 2.3 und 2.4). Schließlich erfordert jedes Fachgebiet für sich einen hohen zeitlichen Aufwand, da der Rechtsanwalt, Steuerberater oder Wirtschaftsprüfer sich regelmäßig fortbilden und sein Wissen auch in Bezug auf die aktuelle Rechtsprechung auf dem neuesten Stand halten muss. Denn nur so kann er in seiner Kanzlei eine hohe Qualität seiner Beratung dauerhaft aufrechterhalten. Und nur in dieser Beschränkung bleibt er auch tatsächlich glaubwürdig. Schließlich besteht bei zu vielen Spezialisierungen die Gefahr, dass Mandanten die Kompetenz dahinter anzweifeln. Das heißt, auch sie vermuten, dass sich Fachwissen in allzu vielen Fachgebieten aufgrund der Vielzahl an neuen Gesetzesvorgaben und gerichtlichen Entscheidungen nicht auf einem aktuellen Stand halten lässt. Eine höhere Zahl an fachlichen Schwerpunkten würde daher wieder einem Bauch- oder Gemischtwarenladen gleichkommen.

Beispiele für die Darstellung fachlicher Spezialisierungen:

- Positionierung über ein Fachgebiet
- Positionierung über zwei Fachgebiete
- Positionierung über zwei Fachgebiete, eines davon über eine Zielgruppe

Der Fokus meiner anwaltlichen Tätigkeit ist auf das Immobilienrecht und die Besteuerung von Immobilien gerichtet. In- und ausländische Immobilieninvestoren und Kaufinteressenten gehören hier zu meinen Mandanten.

Abb. 2.2 Spezialisierung von Rechtsanwalt Boris Piekarek, www.ra-piekarek.de/index.html

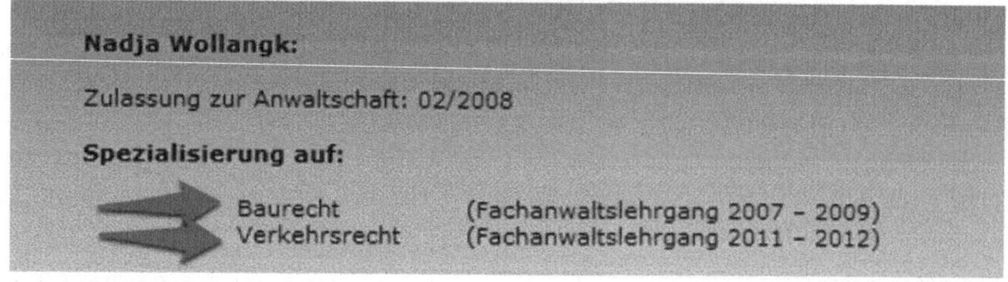

Abb. 2.3 Spezialisierungen von Rechtsanwältin Nadja Wollangk, www.ra-wollangk.de/kanzlei.htm

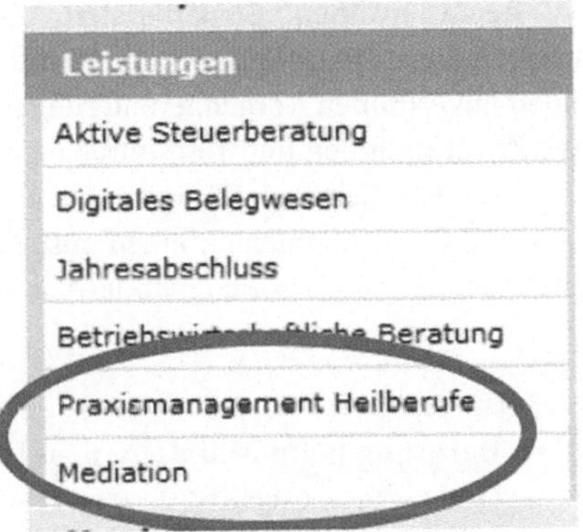

Abb. 2.4 Spezialisierungen der Steuerkanzlei Riehm, www.riehm-steuerberatung.de/steuerberater-berlin.php/kat/2/hauptkat/2/orderid/2/aid/2

2.2 Mit Service punkten

Neben der fachlichen Ausrichtung können und sollten Rechtsanwälte, Steuerberater und Wirtschaftsprüfer weitere Aspekte nutzen, um sich gegenüber ihren Wettbewerbern herauszuheben. Bei den Rechtsanwälten empfiehlt sich dies in den meisten Fällen schon deshalb, da die hohe Zahl an Inhabern von Fachanwaltschaften die Unterscheidung für Mandanten auch in diesem Bereich zunehmend schwerer macht. Daraus folgt, dass auch die Wirkung als alleiniger USP bei diesem Titel immer geringer wird. Das gilt vor allem für die stark vertretenen Bereiche wie Familienrecht, Strafrecht oder Verkehrsrecht. Steuerberater können die Situation aktuell noch etwas entspannter betrachten, da der Fachberater bei ihnen noch nicht so stark verbreitet ist. So beläuft sich die Zahl der Steuerberater mit diesem Titel nach Angaben des Deutschen Steuerberaterverbands (DStV) zurzeit auf etwas über 1.400 (Stand 2014). Dennoch steigert es auch die Erfolgsaussichten von Steuerkanzleien, ihr Alleinstellungsmerkmal mit weiteren Merkmalen noch genauer zu definieren. Außerdem rüsten sie sich auf diese Weise bereits jetzt für eine mögliche Zunahme bei den Fachberatern.

Gute Möglichkeiten, ihren USP noch besser auf ihre Leistungen und die Stärken ihrer Kanzlei abzustimmen, bietet Rechtsanwälten, Steuerberatern und Wirtschaftsprüfern der Service. Dabei eröffnet ihnen gerade dieser Bereich eine breite Palette an Möglichkeiten, sich von anderen Anbietern auf dem Markt abzuheben. Wichtig ist allerdings, Serviceleistungen herauszustellen, die einen tatsächlichen Mehrwert gegenüber anderen Kanzleien ausmachen. Das bedeutet, Selbstverständlichkeiten eignen sich nicht als Beitrag zum Alleinstellungsmerkmal. Und dazu gehören zum Beispiel: Zuverlässigkeit, Genauigkeit, Termintreue, Freundlichkeit, Qualität, den Einsatz neuester Technik. Diese Aspekte setzen Mandanten zu recht bei Rechtsanwälten, Steuerberatern und Wirtschaftsprüfern voraus. Immerhin arbeiten diese Dienstleister mit vertraulichen Daten ihrer Mandanten und viele der ihnen anvertrauten Vorgänge unterliegen strengen Fristen. Da gehören Merkmale wie Zuverlässigkeit und Termintreue einfach zu den Mindestvoraussetzungen.

Besondere Serviceleistungen sind solche, in denen die Kanzlei die Extrameile geht und ihren Mandanten einen zusätzlichen Nutzen oder Mehrwert bietet. Die folgenden Beispiele sollen hier als Anregung dienen.

Beispiele

- **Beratung beim Mandanten zu Hause oder an seiner Arbeitsstätte**
  Gerade vielbeschäftigte oder gesundheitlich beeinträchtigte Mandanten schätzen es, wenn sie sich den zeitraubenden oder umständlichen Weg in die Kanzlei sparen können. Entsprechend positiv nehmen sie daher die Möglichkeit auf, wenn der Rechtsanwalt oder Steuerberater zu ihnen kommt. Ein praktischer Nebenaspekt ist dabei oft sogar, dass alle benötigten Unterlagen in Reichweite sind. So erspart sich auch der rechtliche oder steuerliche Berater zusätzliche Arbeitsschritte und zeitlichen Aufwand, die eventuell durch ein Nachfordern von Akten erforderlich würden. Zu entscheiden ist bei einem solchen Serviceangebot, ob dies kostenlos oder gegen Fahrtkostenpauschale erfolgt. Auch eine unterschiedliche Behandlung je nach Entfernung ist denkbar. Schließlich entscheiden die Mandanten, ob ihnen dieser Service den Aufpreis wert ist. Was für den USP zählt, ist allein das Angebot. Wie ein Rechtsanwalt oder Steuerberater seinen Wirkungsradius bestimmt – ob innerhalb einer Stadt oder Region, über einzelne Bundesländer oder bundesweit –, hängt von ihm selbst ab.
- **Kurzfristige Terminvereinbarung**
  Sei es nach einem Verkehrsunfall oder sei es bei einer Steuerprüfung – nicht immer sind die Probleme von Mandanten so drängend oder dramatisch. Dennoch kommen sie häufig mit Anliegen auf den Rechtsanwalt oder Steuerberater zu, zu denen sie schnell eine Beratung brauchen. Daher schätzen Mandanten die Möglichkeit, kurzfristig einen Termin in der Kanzlei vereinbaren zu können. Kurzfristig muss dabei nicht zwingend heißen am selben Tag. Dies sollte sich aus der Art des Mandantenproblems ergeben. Wichtig ist daher, dass der Kanzleimitarbeiter bei der Terminvergabe die Dringlichkeit durch gezielte Fragen klar ermittelt. So fühlt sich der Mandant mit seinem Anliegen gleich gut aufgehoben und ernst genommen.

- **Transparente Informationspolitik**
Mandanten schätzen es, wenn sie von Beginn an Klarheit haben über Kosten, zeitliche Abläufe und – speziell beim Rechtsanwalt – über ihre Erfolgsaussichten. Auch wenn dies zu den Selbstverständlichkeiten gehören sollte, so ist es dies in der Praxis oft nicht. Für Rechtsanwälte und Steuerberater bedeutet dies, dass sie ihre Honorare transparent kommunizieren – und zwar unabhängig davon, ob sie dies aufgrund einer individuellen Honorarvereinbarung ohnehin tun müssen. Das gleiche gilt auch für weitere Gebühren, die auf Mandanten zukommen. Außerdem sollte die Kanzlei über zeitliche Abläufe informieren und den Mandanten auch zwischendurch über den Stand des Verfahrens auf dem Laufenden halten. Auch eine realistische Einschätzung der Erfolgsaussichten gehört zum Service im Rahmen einer transparenten Informationspolitik.
- **Rückrufservice**
Je nach Anliegen oder persönlicher Situation schätzen Mandanten es, wenn der Rechtsanwalt oder Steuerberater sie zurückruft. Ohnehin bietet es sich – ebenfalls als Service – an, möglichst viele Wege zur Kontaktaufnahme anzubieten und dem Mandanten die Entscheidung zu überlassen, welchen er bevorzugt. Mögliche Formen für eine Kontaktaufnahme können sein: Telefon, E-Mail, Kontaktformular auf der Website, Sprachnachricht. Wichtig bei einem Rückrufservice ist, dass die Kanzlei konkret auf diese Möglichkeit hinweist. Denn nur so können Mandanten wissen, dass eine kurze Nachricht reicht, um einen Anruf eines Kanzleimitarbeiters oder des Inhabers zu erhalten. Sicherstellen sollte die Kanzlei allerdings, dass sie ihr Versprechen auch tatsächlich – und zwar kurzfristig – einlöst. Dazu muss sie alle angegebenen Kontaktwege in regelmäßigen, nicht zu langen Abständen auf Rückrufbitten hin überprüfen.
- **Flexible Kanzleiöffnungszeiten**
Viele Menschen sind heute zeitlich sehr eingespannt. Berufliche und familiäre Pflichten lassen ihnen nur enge Zeitfenster für persönliche Angelegenheiten. Diese Mandanten schätzen es daher sehr, wenn sie auch am späteren Abend oder am Wochenende die Möglichkeit haben, rechtliche oder steuerliche Fragen mit ihrem Berater zu besprechen. Außerdem berücksichtigen flexible Kanzleiöffnungszeiten die Bedürfnisse von Mandanten mit dringenden oder plötzlich auftretenden Problemen. Grundsätzlich bieten sich unterschiedliche Gestaltungsmöglichkeiten bei Kanzleiarbeitszeiten am Abend oder am Wochenende. So kann die Kanzlei ständig auch spät und am Wochenende geöffnet sein, es können

einzelne Tage oder Wochenenden ausgewählt werden oder es wird eine Bereitschaft eingerichtet, die bei Bedarf schnell zur Stelle ist. Je größer die Kanzlei ist, desto flexibler können in der Regel auch die Öffnungszeiten gestaltet werden.

- **Informationsformate**
  Ob Gesetzesänderungen oder neue Anwendungsmöglichkeiten – Mandanten bleiben gerne auf dem Laufenden. Dies gilt zumindest in Fragen, die sie und ihr Business betreffen oder die ihnen Zeit und Geld sparen. Das heißt: Über solche Aspekte sollten Kanzleien ihre Mandanten regelmäßig informieren. Dies kann schriftlich oder persönlich erfolgen. Es eignen sich Newsletter und Mandantenbriefe genauso wie Präsentationen und Vorträge. Maßgeblich für das gewählte Format sollten dabei die Möglichkeiten der Kanzlei und die Vorlieben der Mandanten sein. Wichtig ist jedoch, dass alles verständlich für juristische und steuerfachliche Laien aufbereitet und dargestellt ist. Außerdem sollten Kanzleien darauf achten, zwar regelmäßig aber nicht in zu knappem Rhythmus zu informieren. Schließlich wollen sie nicht in der Informationsflut untergehen und bei ihren Mandanten als Spam eingeordnet werden.
- **Kooperationen innerhalb eines Expertennetzwerks**
  Niemand kann alles wissen und alles können. Dennoch schätzen Mandanten es, wenn sie nicht immer wieder neue Experten für ihre Fragestellungen suchen müssen. Die Lösung sind hier Expertennetzwerke. So können Rechtsanwälte, Steuerberater und Wirtschaftsprüfer in Netzwerken kooperieren, die entweder angrenzende Bereiche abdecken oder aber auch aus völlig anderen Arbeitsgebiete kommen. Ein Beispiel für eine Kooperation in angrenzenden Bereichen liegt bei Rechtsanwälten verschiedener Fachgebiete vor, die die Mandanten des jeweiligen Kollegen bei Bedarf beraten. Bei Steuerberatern wäre vergleichbar eine Zusammenarbeit mit Finanz- oder Immobilienfachleuten. Als Beispiel für eine Kooperation mit Anbietern völlig anderer Arbeitsgebiete wäre ein Netzwerk aus einem Fachanwalt für Verkehrsrecht, einem Kfz-Sachverständigen, einem Autohaus und einem Versicherungsanbieter. Unabhängig davon wie eng die Kooperation sich gestaltet, schätzen die Mandanten die Empfehlung ihres vertrauten Beraters, der ihnen damit eine zeitaufwändige Suche abnimmt und zudem einen Hinweis auf die zu erwartende Qualität des Netzwerkpartners gibt.

Je nach individuellen Möglichkeiten bietet sich bei den Serviceleistungen genügend Raum für eigene Ideen. Außerdem bietet gerade der Serviceaspekt die Chance zu regelmäßigen Anpassungen. Das heißt, die Kanzlei sollte im Blick haben, welche Angebote bei den Mandanten besonders gut ankommen und häufig in Anspruch genommen werden und welche nicht. Solche Leistungen, die nicht genutzt werden, kann die Kanzlei durchaus wieder aus ihrem Portfolio entfernen. Sonst besteht die Gefahr, dass ein zu großes Serviceangebot den Überblick erschwert und somit seine Wirkung als Teil des Alleinstellungsmerkmals verliert. Dies gilt vor allem, wenn der Rechtsanwalt, Steuerberater oder Wirtschaftsprüfer neue Serviceangebote hinzunimmt – vielleicht sogar auf ausdrücklichen Wunsch der Mandanten. Welchen Service diese sich wünschen, können Kanzleien nämlich leicht herausfinden, indem sie entweder eine gezielte Befragung mittels Fragebogen durchführen oder durchführen lassen. Oder aber sie sprechen sie im Mandantengespräch einfach darauf an.

2.3 Besondere Zielgruppen entdecken

Nach den fachlichen Schwerpunkten und dem Service bietet auch eine Ausrichtung auf bestimmte Zielgruppen die Möglichkeit, ein passendes Alleinstellungsmerkmal für sich und die Kanzlei zu entwickeln. Ein Vorteil hierbei ist, dass die Mandanten häufig vor ähnlich gelagerten Herausforderungen stehen. Dadurch reduziert sich die Einarbeitung in spezielle Fragen aus angrenzenden Bereichen für den Rechtsanwalt, Steuerberater oder Wirtschaftsprüfer. Ein Beispiel hierfür ist die Zielgruppe der als Einzelunternehmer oder Freiberufler tätigen Kreativen. Bei diesen Berufsgruppen sehen sich Steuerberater häufig damit konfrontiert, dass sie die Regelungen der Künstlersozialkasse berücksichtigen müssen. Diese stellen ein durchaus umfangreiches Thema dar, sodass sich die Einarbeitung sehr zeitaufwändig gestalten kann, wenn Aspekte aus diesem Bereich nur äußerst selten berücksichtigt werden müssen. Bei einem auf diese Zielgruppe spezialisierten Steuerberater gehören entsprechende Fragen dagegen oft zum Alltagsgeschäft.

Berufsgruppen als Zielgruppen
Der Fokus auf einzelne Zielgruppen ergibt sich dabei oft durch individuelle Interessen oder aus einem persönlichen Bezug heraus (vgl. Abb. 2.5, 2.6 und 2.7). Ein schönes Beispiel, wie ein Fokus auf eine Zielgruppe entstehen kann, liefert Steuerberaterin Sonja Riehm aus Berlin. Bei ihr führte die familiäre Herkunft dazu, dass sie sich unter anderem für eine Spezialisierung auf Heilberufler entschied und heute in Deutschland eine der wenigen Fachberaterinnen in diesem Bereich ist. Umfangreiches Hintergrundwissen in diesem Bereich erwarb sie schon in ihrer

Frau Steuerberaterin Dipl.-Kff. Sonja Riehm hat als Tochter einer Zahnarztfamilie bereits seit Ihrer Kindheit profundes Wissen in der Zahnmedizin und dem praktischen Praxismanagement aufbauen können.

Frau Steuerberaterin Sonja Riehm hat die weiterführende Qualifizierung zur **'Fachberaterin für den Heilberufebereich (IFU/ISM)'** absolviert. Von den ca. 75.000 Steuerberatern in Deutschland verfügen weniger als 100 (Stand: 03/2009) über diese höchste Form der Branchenqualifizierung.

Abb. 2.5 Auszug aus Kanzleiprofil Sonja Riehm, www.riehm-steuerberatung.de/steuerberater-berlin.php/kat/11/hauptkat/1/orderid/1/aid/23

Kindheit, da sie einer Zahnarztfamilie entstammt. Entsprechend bietet sie heute nicht nur die Beratung in Steuerfragen für Heilberufler an, sondern unterstützt diese auch bei ihrem Praxismanagement. Ein Buch speziell auf die Anforderungen ihrer Zielgruppe ausgerichtet hebt ihre Expertise auf diesem Gebiet noch einmal hervor.

Weitere **Beispiele** für den Fokus auf berufliche Zielgruppen:

Unsere Kanzlei betreut seit vielen Jahren Mandanten im Automobilhandel. Unser Dienstleistungsangebot ist in all seinen Einzelheiten auf diese Branche ausgerichtet.

Abb. 2.6 Berufliche Zielgruppe Automobilhandel, Steuerberaterin Birgit Freiheit, www.stbfreiheit.de

Abb. 2.7 Verschiedene berufliche Zielgruppen, WSC Wirtschafts- und Steuerberatungsgesellschaft mbH, www.wsc-beratung.de/de/berlin/leistungen/

Wir haben besondere Erfahrung mit

- KFZ-Branche (Handel und Handwerk)
- IT-Unternehmen
- Heilberufe und Medizintechnik, Apotheken
- Bau und Handwerk
- Internationalen Mandaten

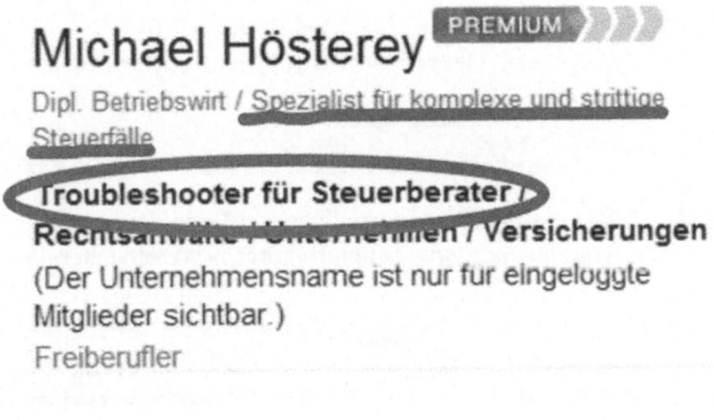

Abb. 2.8 Auszug aus öffentlichem XING-Profil von Steuerberater Michael Hösterey, Kanzlei Bergfelder und Hösterey

Michael Hösterey PREMIUM
Dipl. Betriebswirt / Spezialist für komplexe und strittige Steuerfälle
Troubleshooter für Steuerberater / Rechtsanwälte / Unternehmen / Versicherungen
(Der Unternehmensname ist nur für eingeloggte Mitglieder sichtbar.)
Freiberufler

Bedürfnisse von Zielgruppen

Neben dem Fokus auf bestimmte Berufsgruppen als Zielgruppe ist auch die Orientierung an speziellen Bedürfnissen einzelner Berufsträger möglich (vgl. Abb. 2.8). Ein besonderes Beispiel liefert hier Steuerberater Michael Hösterey, der sich als Mediator für Steuerberater positioniert. Das heißt, er wird dann tätig, wenn Kollegen oder auch deren Mandanten sowie Rechtsanwälte, Banken oder Versicherungen eine Zweitmeinung zu Steuer- oder Finanzfragen benötigen oder eine neutrale Person beim Kontakt mit dem Finanzamt zwischenschalten wollen.

Personengruppen als Zielgruppen

Eine weitere Unterscheidung beim Fokus auf bestimmte Zielgruppen liefert die Einteilung nach Personengruppen (vgl. Abb. 2.9 und 2.10). Dies kann zum Beispiel eine grobe Aufteilung in Privatpersonen oder Geschäftsleute sein. Aufgrund der sehr großen und heterogenen Personengruppe wird eine solche Zielgruppenwahl jedoch weniger dazu beitragen können, sich vom Wettbewerb abzuheben. Außerdem bleibt es dadurch auch für die Kanzlei schwierig, allen Mandanten gleichermaßen gerecht zu werden und die nötige fachliche Expertise für die Beratung zu gewährleisten. Eine detailliertere Unterteilung bei den Personengruppen ist daher ratsam. Denkbar als Zielgruppe wären dann zum Beispiel Immobilienbesitzer, Senioren, Freiberufler, Heilberufler, Autohäuser.

Beispiele

ETL SFS: Steuerberatung für Senioren
Senioren beraten Senioren rund um Steuern und Recht

Abb. 2.9 Zielgruppe Senioren bei ETL Tax & Law, www.etl.de/senioren

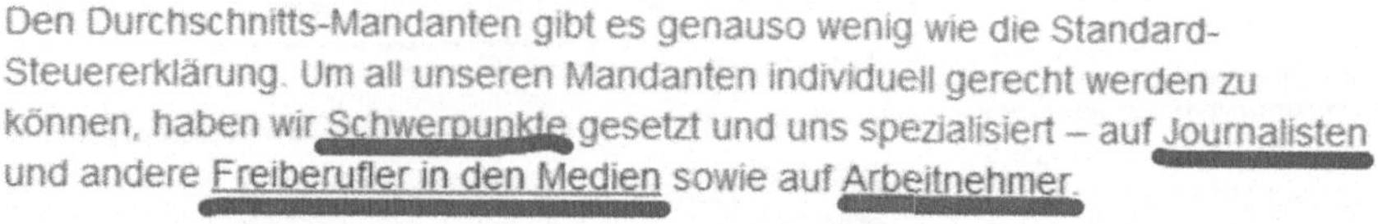

Den Durchschnitts-Mandanten gibt es genauso wenig wie die Standard-Steuererklärung. Um all unseren Mandanten individuell gerecht werden zu können, haben wir Schwerpunkte gesetzt und uns spezialisiert – auf Journalisten und andere Freiberufler in den Medien sowie auf Arbeitnehmer.

Abb. 2.10 Zielgruppe Journalisten, Medienleute und Arbeitnehmer, Steuerberaterin Susanne Vogelbacher, www.steuerberaterin-vogelbacher.de/schwerpunkte/

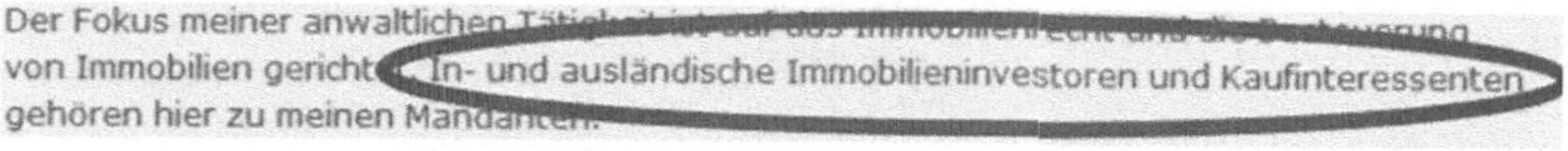

Der Fokus meiner anwaltlichen Tätigkeit ist auf das Immobilienrecht und die Besteuerung von Immobilien gerichtet. In- und ausländische Immobilieninvestoren und Kaufinteressenten gehören hier zu meinen Mandanten.

Abb. 2.11 Zielgruppe professioneller Immobilienbereich, Rechtsanwalt Boris Piekarek, www.ra-piekarek.de

Beispiel
Um ein wirksames Alleinstellungsmerkmal herauszuarbeiten, ist es oft sogar notwendig, selbst eine detaillierte Zielgruppe noch weiter aufzusplitten (vgl. Abb. 2.11). Hintergrund ist, dass zum Beispiel Privatpersonen in der Regel andere Anforderungen stellen als Geschäftsleute – selbst wenn sie zum Beispiel beide Beratung oder juristische Vertretung im Immobilienbereich benötigen. Eine Konzentration auf eine dieser beiden Bezugsgruppen erleichtert daher nicht nur die Ansprache. Außerdem verhindert ein solcher Fokus mögliche Interessenskonflikte. Ein Fachanwalt für Baurecht, der seinen Schwerpunkt auf die rechtliche Vertretung von Bauunternehmen oder Projektgesellschaften gesetzt hat, könnte bei der rechtlichen Vertretung eines privaten Bauherrn oder Immobilienbesitzers riskieren, potenzielle Mandanten im professionellen Immobilienbereich abzuschrecken. Die Festlegung der Zielgruppe sollte in jedem Fall gut überlegt sein. Mögliche Konsequenzen und Konflikte müssen berücksichtigt werden.

2.4 Durch Persönlichkeit überzeugen

Auch die Persönlichkeit eines Rechtsanwalts, Steuerberaters oder Wirtschaftsprüfers kann Teil des Alleinstellungsmerkmals sein. Das Gleiche trifft für die Kanzleiatmosphäre zu. Schließlich kennen wir alle die Aussage „Die Chemie muss stimmen, wenn man zusammenarbeitet". Genau das gilt auch für die Beziehung zwischen dem Mandanten und seinem juristischen oder steuerlichen Berater. Doch nicht nur der Mandant sucht sich eine neue Kanzlei nach Sympathie. Auch für die Kanzleiinhaber ist die Beratung und Vertretung deutlich angenehmer, wenn der menschliche Faktor passt. Daher ist es wichtig, im USP eine persönliche Note zu integrieren und diese nach außen zu kommunizieren. Denn nur so zieht die Kanzlei

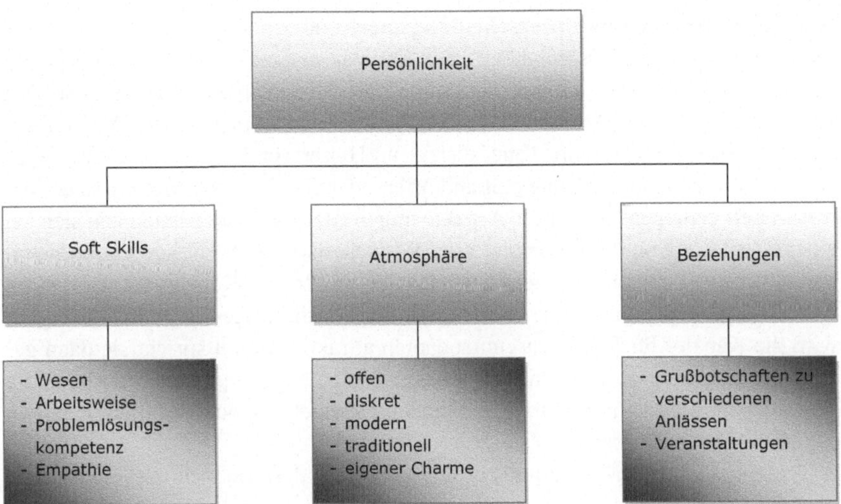

Abb. 2.12 Mögliche Ausprägungen der Persönlichkeit von Kanzlei und Inhaber(n)

genau die Mandanten an, die zu ihr passen und zu denen auch ihre ganz eigene Art passt. Damit beschreibt die Persönlichkeit einen wichtigen Teil der Kanzlei-Marke oder der Marke „Ich" ihres Inhabers (vgl. Abb. 2.12). Sie sorgt als Teil des Alleinstellungsmerkmals für die Identifikation oder Begeisterung bei den Mandanten.

Soft Skills als Teil des USP

Zu den Merkmalen, die die Persönlichkeit des Rechtsanwalts, Steuerberaters oder Wirtschaftsprüfers ausmachen und in das Alleinstellungsmerkmal einfließen, zählt zuerst einmal sein Wesen. Ist er introvertiert oder eher extrovertiert. Wie geht er an die Probleme seiner Mandanten heran? Wie arbeitet er? Wie gestaltet er die Mandantenbeziehung? Auch wenn diese Aspekte gegenüber der fachlichen Expertise nebensächlich erscheinen mögen, so trügt dieser Eindruck. Denn Glaubwürdigkeit und Vertrauen gewinnen rechtliche und steuerliche Berater gerade auch über die sogenannten „Soft Skills". Wenn alle anderen Aspekte passen, geben diese meistens den Ausschlag bei der Entscheidung für eine Kanzlei. Sie entscheiden darüber, ob Mandanten sich nach den ersten Erfahrungen mit der Kanzlei einem Wettbewerber zuwenden oder langfristig in der Kanzlei verbleiben. Bei neuen Mandanten zählt vor allem der erste Eindruck, den sie durch die Außendarstellung gewinnen, sodass diese die Persönlichkeit der Kanzlei und ihres Inhabers oder der Partner unterstreichen sollte. Wie ein gut gewähltes Design diese Wirkung unterstützt, zeigt ein weiteres Essential.

Kanzleiatmosphäre als Unterscheidungsmerkmal

Was vor allem die „Persönlichkeit" der Kanzlei ausmacht, ist ihre Atmosphäre. Dazu tragen die Räume und ihre Ausstattung bei. Und auch die Mitarbeiter spielen eine wichtige Rolle. Präsentieren sie sich den Mandanten gegenüber offen und zuvorkommend oder bleiben sie eher diskret im Hintergrund? Wie ist der Empfang? Und wirken die Kanzleiräume hell und offen oder eher dunkel? Modern oder eher traditionell gediegen? Alle diese Aspekte tragen dazu bei, dass Mandanten sich bei einem Rechtsanwalt, Steuerberater oder Wirtschaftsprüfer wohl und gut aufgehoben fühlen oder eben nicht. Sie prägen das Gesamtbild der Kanzlei mit. Und wenn dieses mit allen übrigen Merkmalen zusammen ein stimmiges Gesamtpaket ergibt, wird die Kanzlei für ihre Wunschmandanten attraktiv. Damit spricht sie dann genau die Mandanten an, die auf der gleichen Wellenlänge liegen und schafft so die Voraussetzung für eine langfristige Mandantenbeziehung oder Empfehlungen an die „richtigen" Adressaten.

Bedenken sollten Kanzleiinhaber in jedem Fall, dass sie sich tatsächlich auch über die Atmosphäre abgrenzen. Schon Details, die in ihren Augen vielleicht unbedeutend sind, können den Ausschlag geben. Erst recht gilt dies natürlich für Faktoren, die sogar das Potenzial zum Ärgernis haben oder einfach für andere Menschen Grenzen überschreiten. Ein solcher Aspekt kann die Frage sein, ob in den Büroräumen geraucht wird oder nicht – und vor allem, ob dies für Mandanten wahrnehmbar ist. So erfordert eine Kanzlei, die aufgrund ihres Geruchs Vorstellungen an eine Tabakfabrik auslöst, bei Nichtrauchern eine hohe Toleranzschwelle. Für viele dürfte dies daher ein Ausschlusskriterium sein, was natürlich auch im Rahmen des USPs als Abgrenzung gegenüber dem Wettbewerb dienen kann. Das gleiche gilt für den Bürohund (vgl. Abb. 2.13). Was auf viele Mandanten charmant wirkt, der Kanzlei eine persönliche Note verleiht und entsprechend in das Alleinstellungsmerkmal mit einfließt, schreckt Mandanten mit Angst vor Hunden vermutlich ab. Wichtig ist daher, sich über die Wirkung einzelner Aspekte im Klaren zu sein und sich so im Sinne des USPs bewusst dafür oder dagegen zu entscheiden.

Beispiel

Abb. 2.13 Der Bürohund al Teamassistent (Foto auf der Website), Steuerberaterin Susanne Vogelbacher, www.steuerberaterin-vogelbacher.de/unser-team/

Humphrey
Teamassistent

Persönliche Beziehungen gestalten

Ein weiterer Punkt, mit dem Kanzleien ihr Alleinstellungsmerkmal gestalten können, sind die persönlichen Beziehungen zu ihren Mandanten. Schließlich fühlen Mandanten sich wertgeschätzt, wenn sie merken, dass sie für einen Rechtsanwalt, Steuerberater oder Wirtschaftsprüfer mehr sind, als nur eine weitere Akte oder Datei. Und genau dieses Gefühl bekommen sie, wenn sich Kanzleien auch außerhalb der üblichen Kontakte aufmerksam zeigen. Typische Anlässe für solche Aufmerksamkeiten sind Geburtstage und Weihnachten. Allerdings besteht die Gefahr, bei solchen Gelegenheiten in der Menge der Karten, Briefe oder Anrufe unterzugehen. Will sich eine Kanzlei hier positiv herausheben, sollte sie zusätzlich oder stattdessen auch andere Anlässe nutzen, um den Kontakt zu pflegen. Dies kann Ostern oder der Jahrestag sein, an dem der Erstkontakt stattfand. Dies kann ein Adventsgruß oder eine fröhliche Sommerbotschaft sein. Anlässe lassen sich viele finden oder mit kreativen Ideen schaffen, um so den persönlichen Kontakt zum Mandanten aufzunehmen.

Wie eine Kanzlei ihre Grußbotschaften an die Mandanten richtet, bleibt dem persönlichen Geschmack überlassen. Dies wird auch davon abhängen, wie gut ein Rechtsanwalt, Steuerberater oder Wirtschaftsprüfer einen Mandanten kennt und wie eng die Beziehung ist. So kann eine Grußkarte oder ein Grußbrief genauso gut ankommen wie ein Telefonat. Bei E-Mails dagegen ist durchaus Vorsicht angebracht, da diese auf viele Menschen unpersönlich wirken. Hier geht die gute Absicht dahinter dann bei einer Grußbotschaft verloren. Außerdem besteht die Gefahr bei Grußkartenversendern im Internet, dass Mandanten diese aus Furcht vor einem Virus nicht anklicken oder sie unter Spam einstufen. Daher empfiehlt es sich, auf die klassische Post auszuweichen, wenn eine Kanzlei sich für schriftliche Grüße entscheidet. Besonders gut kommen dabei meist handschriftliche Grußbotschaften an. Da diese heute im Zeitalter von E-Mail, SMS, WhatsApp und ähnlichem immer seltener werden, sorgen sie für deutlich mehr Aufmerksamkeit.

Ebenfalls eine gute Gelegenheit, Identifikation und Begeisterung bei Mandanten zu schaffen, sind Veranstaltungen. So sorgen zum Beispiel ein Sommer- oder Herbstfest, eine Weihnachtsfeier, regelmäßige Kamin- oder Frühstücksgespräche oder auch Veranstaltungen zu Jahrestagen – für die Kanzlei relevante oder solche, zu denen sie durch bestimmte Formate eine Verbindung schafft – für eine persönliche Note. Dies gilt natürlich vor allem, wenn sie alljährlich wiederholt werden oder in einem bestimmten Rhythmus stattfinden. Für Mandanten und die Kanzlei haben Events zudem den Vorteil, dass immer wieder Anlässe für Begegnungen entstehen. So bringen Veranstaltungen oft für alle Teilnehmer einen Mehrwert durch die Gespräche, die am Rande mit dem Kanzleiinhaber, den Partnern oder anderen Teilnehmern entstehen. Das gilt gerade auch für zwanglose Events ohne Vortrag oder besondere Informationen.

3 Profil gewinnen durch gezielte Positionierung – Den idealen Weg für sich finden

Aus den verschiedenen Möglichkeiten, die sich für die Gestaltung eines Alleinstellungsmerkmals bieten, muss jede Kanzlei für sich herausfinden, was zu ihr passt und wie sie sich positionieren will. Das heißt, sie muss analysieren, welche Merkmale sie bereits erfüllt. Danach muss sie für sich entscheiden, ob sie damit bereits ihren USP gefunden hat. Das heißt: Ist sie nach aktuellem Stand bereits so aufgestellt, wie sie es sich wünscht und spricht sie damit schon die „richtigen" Mandanten an? Verfügt sie über die gewünschten Stärken und Qualitäten? Stellt sie diese ausreichend heraus? Hebt sie sich so auch ausreichend von den Wettbewerbern ab und schafft Identifikationsmomente für die Mandanten? Kann der Rechtsanwalt, Steuerberater und Wirtschaftsprüfer diese Fragen mit „Ja" beantworten, hat er sein Alleinstellungsmerkmal vermutlich gefunden. Dennoch sollte er regelmäßig überprüfen, ob dies weiterhin zutrifft und bei Bedarf an seiner Positionierung feilen. Kanzleien, deren USP noch nicht vollständig definiert ist, weil sich bei ihnen Lücken mit Blick auf die gewünschte Positionierung auftun, müssen diese schließen. Sie müssen festlegen, woran sie noch arbeiten möchten, damit sie ein stimmiges Gesamtbild erschaffen. Schließlich reicht es nicht, die Wunschmerkmale zu einem USP zusammenstellen und nach außen zu kommunizieren. Denn die damit verbundenen Versprechen muss die Kanzlei auch einhalten können. So kann es erforderlich sein, fachliche Lücken zu schließen oder die Voraussetzungen für zusätzlichen Service oder eine veränderte Kanzleiatmosphäre zu schaffen.

Die Basis für die Arbeit am passenden Alleinstellungsmerkmal und der gewünschten Positionierung bildet immer der Status Quo (vgl. Abb. 3.1). Denn nur wenn die Kanzlei weiß, wo sie aktuell steht, kann sie festlegen, welche Vorarbeit sie noch leisten muss, um den angestrebten USP auszufüllen, und ob sie diese Anstrengungen überhaupt auf sich nehmen oder sich anders am Markt aufstellen will.

M. Schäfer, *Erfolgsfaktor Alleinstellungsmerkmal,* essentials,
DOI 10.1007/978-3-658-06932-2_3

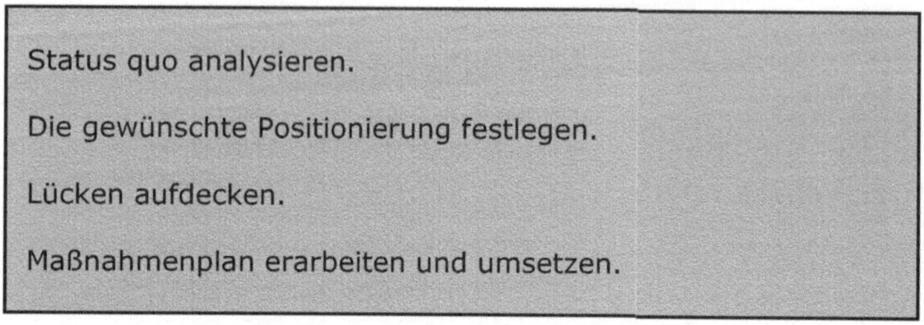

Status quo analysieren.

Die gewünschte Positionierung festlegen.

Lücken aufdecken.

Maßnahmenplan erarbeiten und umsetzen.

Abb. 3.1 Schritte zur erfolgreichen Positionierung über den USP

Außerdem müssen der Kanzleiinhaber oder die Partner sich darüber klar werden, auf welche Positionierung sie konkret hinarbeiten. Das heißt, sie sollten die Vor- und Nachteile einzelner Ausprägungen abwägen und sich verdeutlichen, welche Optionen sie mit bestimmten Entscheidungen ausschließen. Wollen sie zum Beispiel ausschließlich Geschäftskunden als Mandanten oder sollen es vor allem Privatleute sein? Wie wirkt sich das auf die Honorare aus? Dazu sollten sie auch die Außenwirkung im Blick haben. Der Bürohund auf der Website kann sympathisch wirken. Aber hat ein solches Foto Konsequenzen? Wenn ja, welche und sind diese für die Kanzlei tragbar? Lassen Rechtsanwälte, Steuerberater und Wirtschaftsprüfer diesen Schritt der Reflexion bei der Positionierung aus, besteht die Gefahr, dass sie das falsche Fundament für ihre Kanzleimarke legen. Mandanten, die zu ihnen passen und die sie gewinnen wollen, könnten sie dann nie erreichen. Oder bildlich gesprochen: Egal wie groß ihre Anstrengungen beim Aufbau ihres Markengebäudes auch wären, die Leiter, die sie hinauf klettern, würde immer an der falschen Wand stehen.

Wer schreibt, der bleibt

Es empfiehlt sich, die Überlegungen zur Positionierung schriftlich festzuhalten. So erhält der Rechtsanwalt, Steuerberater oder Wirtschaftsprüfer nicht nur einen besseren Überblick. Er kann auch seine Gedanken zu einem späteren Zeitpunkt noch besser nachvollziehen. Das ist gerade dann wichtig, wenn er seinen USP im Zeitverlauf anpassen oder zuspitzen will. Außerdem reduziert sich die Gefahr, dass wichtige Punkte untergehen oder vergessen werden. Am besten erarbeitet die Kanzlei alle Aspekte in mehreren Schritten. So können zum Beispiel der Inhaber oder die Partner zusammen mit den Mitarbeitern in einem Brainstorming Ideen sammeln. Diese können sie im Anschluss in Einzelüberlegungen ergänzen und danach wieder gemeinsam zum Abschluss bringen. Gut ist es in jedem Fall, sich eine allgemeine Übersicht mittels einer SWOT-Analyse (vgl. Abb. 3.2) zu verschaffen. Auch Mindmaps eigenen sich hervorragend, um Gedanken bei der Entwicklung des Alleinstellungsmerkmals auszuarbeiten und festzuhalten. Denn

Stärken (Strengths) Interne Betrachtung	**Schwächen (Weaknesses)** Interne Betrachtung
Chancen (Opportunities) Externe Betrachtung	**Risiken (Threats)** Externe Betrachtung

Abb. 3.2 Übersicht SWOT-Analyse

Mindmaps fördern die Ideenfindung und lassen sich leicht erweitern, wenn neue Ideen hinzukommen. Außerdem können Verbindungen zwischen einzelnen Ästen erstellt werden und neue Assoziationen problemlos eingefügt werden.

Das gesamte auf diese Weise zusammengestellte Material mündet schließlich in den USP und die Positionierung. Daraus ergeben sich Punkte, die die Kanzlei auf dem Weg zum Ziel noch erledigen muss. Und daraus lässt sich der Maßnahmenplan für die Umsetzung ableiten. Außerdem liefern diese Überlegungen die Blaupause für künftige Entwicklungen und Anpassungen.

3.1 Standortbestimmung

Wichtig ist zunächst einmal die Bestimmung des Status Quo. Dabei sind alle Aspekte zu betrachten, die in das Alleinstellungsmerkmal einfließen: fachliche Schwerpunkte, der Service, Zielgruppen und die Persönlichkeit. Leitfragen bilden hier einen Rahmen für die Standortbestimmung. Denn ein solcher Fragenkatalog hilft der Kanzlei einen guten Überblick über vorhandene Stärken zu bekommen. Wichtig ist dabei, dass nicht nur der Kanzleiinhaber selbst oder die Partner diese Leitfragen beantworten, sondern auch alle Mitarbeiter der Kanzlei. So hat der Rechtsanwalt, Steuerberater oder Wirtschaftsprüfer die Möglichkeit, weitere bisher vielleicht unentdeckte Fähigkeiten aufzuspüren, die er für die Kanzlei nutzen kann und durch die er sich schließlich vom Wettbewerb deutlich unterscheidet.

Leitfragen

- Wer bin ich?/Wer sind wir?
- Was will ich?/Was wollen wir?
- Welcher Arbeitstyp bin ich? Welche Arbeitstypen sind unter den Mitarbeitern?
- Was ist mein/unser Ziel für die Kanzlei?
- Was kann ich/können wir besser als die Wettbewerber?
- Warum bin ich/sind wir in diesen Bereichen besser?
- Gibt es Leistungen, die nur ich/wir bieten?
- Welche Werte sind mir/uns wichtig?/Welche Werte will ich/wollen wir leben?

Gut ist es auch, die Einschätzung von Außenstehenden wie Mandanten oder Netzwerkpartnern einzuholen. So verhindert die Kanzlei, dass sich bei der Selbsteinschätzung des Status Quo Betriebsblindheit einschleicht. Außerdem fördert der Blick von außen oft weitere Aspekte zutage, die in der Innensicht entweder nicht wahrgenommen oder als unbedeutend eingeschätzt werden. Einholen lässt sich dieses Feedback auf unterschiedliche Weise: entweder gezielt durch eine Umfrage oder eher informell im Verlauf eines Mandantengesprächs und beim Kontakt mit den Netzwerkpartnern.

Fachliche Schwerpunkte finden und untermauern

Zu den fachlichen Schwerpunkten (vgl. Abb. 3.3) führen die Leitfragen: Was kann ich oder was können wir besser als andere? Und: Was kann nur ich oder was können nur wir? Die Antworten hierauf sollten die entscheidenden Hinweise darauf geben, wie der Rechtsanwalt, Steuerberater oder Wirtschaftsprüfer sich mit seinem Alleinstellungsmerkmal vom Wettbewerb abheben kann. Dabei mag gerade die zweite Leitfrage seltsam anmuten. Denn bei einem so engen Markt, so meinen viele, dürfte es unwahrscheinlich sein, dass eine Kanzlei tatsächlich eine bestimmte Expertise als einzige auf weiter Flur vorhält. Dennoch sollte sie diese Möglichkeit analysieren. Gerade mit Blick darauf, dass der fachliche Schwerpunkt mehr Aspekte umfasst als nur den beruflichen Hintergrund, besteht die Chance auf ein derartig einsetzbares Spezialwissen – umso mehr, da hier das gesamte in der Kanzlei vorhandene Know-how erfasst wird.

Die Standortbestimmung zu den fachlichen Schwerpunkten beginnt immer mit einem Blick auf den eigenen Lebenslauf. Dabei sollten möglichst alle Aspekte beachtet werden. Das heißt: Berücksichtigt werden zunächst einmal alle Schul- und

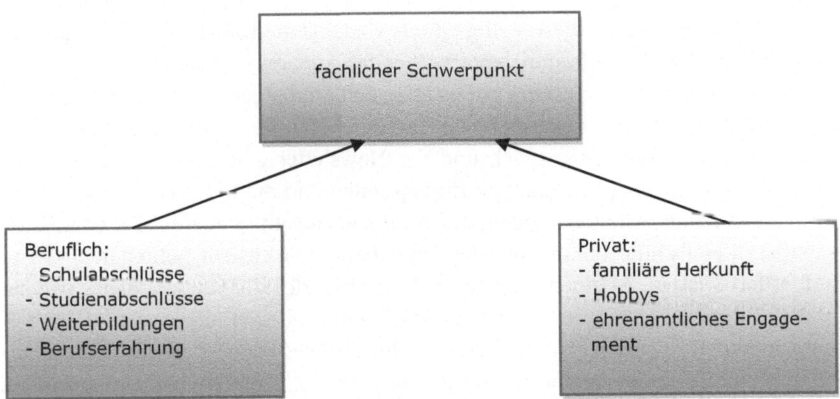

Abb. 3.3 Einflussfaktoren für fachliche Schwerpunkte

Studienabschlüsse, die berufliche Erfahrung, Fachanwaltschaften oder Fachberater sowie alle sonstigen fachlichen Weiterbildungen. Hieraus ergibt sich meist bereits das Haupttätigkeitsfeld. Aber auch private Interessen, die familäre Herkunft oder ehrenamtliches Engagement geben Hinweise auf fachliche Stärken oder können diese noch unterstützen. Denn gerade dieses Zusammenspiel von Wissen aus dem professionellen und dem privaten Bereich rundet oft erst das fachliche Leistungsangebot ab. Dies kann ein besonderes Interesse an Psychologie sein, dass der Rechtsanwalt oder Steuerberater in seine Praxis einfließen lässt und vielleicht sogar durch eine Fortbildung zum Mediator oder Wirtschaftsmediator untermauert. Auch Know-how zum Beispiel aus einem Ehrenamt in einer Stiftung gewährt Einblicke, die sich in der täglichen Beratungspraxis umsetzen lassen. So können sie die Einzigartigkeit einer Kanzlei unterstreichen und in den USP einfließen.

Servicepunkte finden

Gerade der Service macht oft den Unterschied. So können Kanzleien hier den entscheidenden Mehrwert gegenüber dem Wettbewerb bieten und ihr Alleinstellungsmerkmal durch wichtige Zusatzleistungen für die Mandanten finden. Entscheidend ist dabei, genau die Leistungen anzubieten, die den Mandanten wichtig sind. Daher gilt es herauszufinden, welche das konkret sind. Am schnellsten erfahren Rechtsanwälte, Steuerberater und Wirtschaftsprüfer dies, wenn sie bei ihren regelmäßigen Gesprächen direkt nachfragen. Interessante Fragen sind hier: Welchen Service schätzen Sie bei meiner oder unserer Kanzlei? Und: Welchen zusätzlichen Service würden Sie sich wünschen? Auf diese Weise bekommen sie nach einer gewissen Zeit eine gute Vorstellung davon, wie die Service-Bedürfnisse der Mandanten aussehen. Möglich ist, dass diese völlig anders sind, als die Kanzlei erwartet hatte. In diesem Fall zeigt die Befragung entsprechendes Anpassungspotenzial.

Bei der Standortbestimmung gilt es aber, erst einmal jede Serviceleistung festzuhalten, die die Kanzlei bereits bietet. Dazu gehören Punkte wie das angebotene Getränk beim Beratungsgespräch und der Newsletter oder die Mandanteninformation. Dazu gehören die Kanzleiöffnungszeiten und die Möglichkeiten der Terminvereinbarung. Alle Leistungen, die der Rechtsanwalt, Steuerberater oder Wirtschaftsprüfer als Pluspunkt in der Mandantenbetreuung ansieht, sollten in der Liste aufgeführt werden. In einem zweiten Schritt überprüft die Kanzlei dann, wie sie sich mit diesen Leistungen vom Wettbewerb unterscheidet, um so ihr Alleinstellungsmerkmal zu entwickeln. Außerdem sollte sie überlegen, ob sie künftig zusätzliche Serviceleistungen anbieten will und welche dies sein könnten. Um auf Ideen für weitere Serviceangebote zu kommen, bietet sich der Blick über den Tellerrand an – auch außerhalb der eigenen oder ähnlicher Branchen. Welchen Service bieten zum Beispiel Friseure, Ärzte oder Handwerker? Wäre dies auch für Mandanten interessant? Lässt sich dies auf die Kanzlei übertragen? Und wenn ja, wie? Sind diese Fragen beantwortet, kann die Kanzlei ihre speziellen Serviceleistungen entwickeln und in ihr Alleinstellungsmerkmal einfließen lassen.

Die Frage nach der gewünschten Zielgruppe

Einen entscheidenden Pluspunkt kann bei Rechtsanwälten und Steuerberatern die Konzentration auf bestimmte Zielgruppe ergeben. Da Mandanten aus einer Zielgruppe oft die gleichen Anforderungen an die Beratung haben, erleichtert der Fokus den Kanzleien die Arbeit. Außerdem kennen sie die Bedürfnisse der Mandanten und können ihnen dadurch gezielt einen Mehrwert bieten. In vielen Fällen ergeben sich die gewünschten Zielgruppen oder die „richtigen" Mandanten bereits aus der fachlichen Ausrichtung. Dennoch sollte die Kanzlei prüfen, ob sie tatsächlich hauptsächlich diese Zielgruppe betreut oder ob sich im Laufe der Zeit eine bunte Mischung in ihrer Mandantendatei angesammelt hat. Wichtig ist daher zuerst einmal, die Datei genau daraufhin zu überprüfen, wie sich die Mandantenstruktur der Kanzlei gestaltet (vgl. Abb. 3.4): Anzahl der Business-Mandate, Anzahl der privaten Mandate, Anzahl der Mandate in Bezug auf Fach- oder Interessensgebiete.

Anzahl der
- Business-Mandate
- Private Mandate
- Mandate aus einzelnen Fachgebieten
- Mandate aus einzelnen Interessensgebieten

Abb. 3.4 Mandantenstruktur

Diagramme aus den ermittelten Daten geben im Anschluss einen guten Überblick über den Status quo.

Auf Basis der ermittelten Mandantenstruktur muss der Rechtsanwalt oder Steuerberater entscheiden, ob diese seiner gewünschten Ausrichtung entspricht. Anderenfalls heißt es, Anpassungen vorzunehmen, um den USP nicht zu verwässern oder überhaupt erst ein klares Alleinstellungsmerkmal über die Zielgruppe zu entwickeln. Wichtig ist in diesem Fall, neue Mandanten, die nicht zur Zielgruppe gehören, abzulehnen und sich auch von bestehenden Mandaten zu trennen, die nicht zur Positionierung der Kanzlei passen. Wenn dies über eine Empfehlung für einen kompetenten Kollegen geschieht, kann dies sogar zu einer Win-Win-Situation für alle Beteiligten führen. Die eigene Kanzlei profitiert von der klaren Ausrichtung. Die Mandanten erfahren dort eine genau auf ihre Bedürfnisse ausgerichtete Betreuung. Und die Kollegen, die Mandanten übernommen haben, freuen sich über neue Mandate und bedanken sich künftig vielleicht ebenfalls mit passenden Empfehlungen.

Persönlichkeit einbringen

Nach fachlichem Schwerpunkt, Service und Zielgruppe bleibt schließlich noch, die Persönlichkeit der Kanzlei zu betrachten (vgl. Abb. 3.5). Dazu trägt das Wesen des Kanzleiinhabers, der Partner und der Mitarbeiter genauso bei wie die Atmosphäre. Die wichtigen Fragen lauten hier: Wer bin ich oder wer sind wir? Was bin ich für ein Arbeitstyp oder welche Arbeitstypen vereinen wir in der Kanzlei? Und: Was sind meine oder unsere Werte?

Die Antworten hierauf zeigen einen Aspekt dessen, was die Kanzlei ausmacht. Hinzu kommen persönliche Vorlieben, die dann die Atmosphäre bestimmen. Zeigt der Kanzleiinhaber in seinen Räumen zum Beispiel sein Faible für Ölgemälde schafft dies eine andere Atmosphäre als bei einem Liebhaber von Fotografien oder Grafiken. Ähnlich stellt es sich mit der Möblierung dar. Denn eine moderne Büroausstattung lässt Räume anders wirken als schwere Schreibtische und Schränke

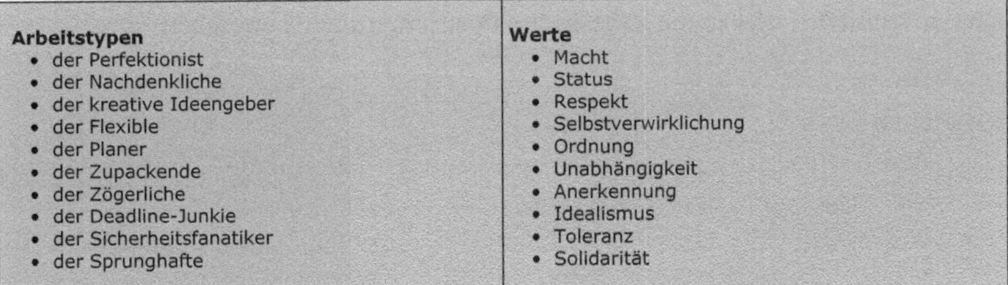

Arbeitstypen	Werte
• der Perfektionist • der Nachdenkliche • der kreative Ideengeber • der Flexible • der Planer • der Zupackende • der Zögerliche • der Deadline-Junkie • der Sicherheitsfanatiker • der Sprunghafte	• Macht • Status • Respekt • Selbstverwirklichung • Ordnung • Unabhängigkeit • Anerkennung • Idealismus • Toleranz • Solidarität

Abb. 3.5 Übersicht Arbeitstypen und Werte

aus dunklem Holz. All dies transportiert aber eine gewisse Persönlichkeit und zieht entsprechend Mandanten an, die sich auf der gleichen Wellenlänge befinden oder solche, die aufgrund der Ausstrahlung bestimmte Erwartungen an den Rechtsanwalt, Steuerberater oder Wirtschaftsprüfer haben.

3.2 Lücken aufdecken

Nachdem eine Kanzlei den Status Quo in den Bereichen fachlicher Schwerpunkt, Service, Zielgruppe und Persönlichkeit ermittelt hat, muss sie diese Punkte mit Blick auf die gewünschte Positionierung und den Wettbewerb einordnen. Denn nur durch einen solchen Vergleich bekommt sie wichtige Hinweise auf mögliche Lücken. Das heißt, sie erfährt, ob ihr Alleinstellungsmerkmal aussagekräftig genug ist und ausreichend Anziehungskraft auf Mandanten hat. Außerdem erkennt sie auf diese Weise, ob sie die gewünschte Positionierung bereits ausfüllt oder ob sie dazu noch weiter an ihren Stärken arbeiten muss. Und schließlich sieht sie, wie sie sich in den Markt einfügt und erhält dadurch interessante Anhaltspunkte zu möglichem Potenzial für ihre weitere Entwicklung. Denn eine Beobachtung des Wettbewerbs liefert oft wichtige Erkenntnisse über neue Trends zum Beispiel bei Serviceleistungen, geänderte Anforderungen der Mandanten oder auch Möglichkeiten zur Außendarstellung oder Organisation der Kanzlei.

Wunschpositionierung
Um Lücken in Bezug auf die Wunschpositionierung erkennen zu können, muss feststehen, wie diese überhaupt aussieht. Dazu muss der Rechtsanwalt, Steuerberater oder Wirtschaftsprüfer sich vorab einige Fragen beantworten. Wichtig ist dabei, an diese Fragen erst einmal offen heranzugehen. Das heißt, unabhängig vom Status Quo sollte er festhalten, welche Vorstellungen er für seine Kanzlei hat. Denn nur so kann sich mögliches Entwicklungspotenzial offenbaren. Dieses zeigt sich dann als Lücke mit Blick auf den aktuellen Stand der Kanzlei. Und diese Lücken gilt es dann zu schließen und so die angestrebte Positionierung zu erreichen.

Leitfragen
- Welche Fachrichtung und/oder Interessensgebiete soll die Kanzlei anbieten? Oder sollen es mehrere sein?
- Wer betreibt die Kanzlei: Einzelkanzlei, Sozietät, Partnerschaftsgesellschaft, Kombination aus Rechtsanwälten, Steuerberatern, Wirtschaftsprüfern?

- Wie groß soll die Kanzlei werden: Anzahl der Partner, Anzahl der Mitarbeiter, Anzahl Mandanten?
- Wie läuft der Kanzleibetrieb ab?
- Welche Mandanten möchte sie erreichen: Business oder Privat, bestimmte Branchen, gehobenes Segment, sozial ausgerichtet,…?
- Wie soll die Honorarpolitik aussehen?
- Wie soll der Service aussehen?
- Wie organisiert die Kanzlei die Betreuung der Mandanten?
- Wo ist der ideale Standort?
- Wie präsentiert sich die Kanzlei (erster Eindruck auf den Mandanten)?
- Wie gestaltet die Kanzlei ihren Außenauftritt?

Marktbeobachtung

Nur wenn der Rechtsanwalt, Steuerberater oder Wirtschaftsprüfer weiß, wie der Wettbewerb sich präsentiert, kann er mögliche Unterscheidungskriterien entdecken. Und genau diese Unterscheidungsmerkmale benötigt er, um seinen USP – also seine Einzigartigkeit – herauszuarbeiten. Daher ist es erforderlich, den Markt zu beobachten und die Erkenntnisse daraus für die eigene Kanzlei und ihre Entwicklung zu nutzen. Gut ist es dabei, sowohl gleichartige Kanzleien als auch solche, die größer oder kleiner sind oder sich in anderen Fachbereichen oder einem anderen Segment bewegen, anzuschauen. Durch eine solche Mischung bekommt der Rechtsanwalt, Steuerberater oder Wirtschaftsprüfer oft erst den Überblick, den er braucht, um seine Kanzlei wunschgemäß auszurichten. Gleichartige Kanzleien helfen ihm dabei, seine aktuelle Marktposition einzuschätzen und auf diese Weise kurzfristiges Entwicklungspotenzial zu erkennen. Ist die Kanzlei der eigenen nämlich einen oder mehrere Schritte voraus, sollte diese den Grund ermitteln und hieraus Anpassungsschritte ableiten. Steht die eigene Kanzlei dagegen an der Spitze des Marktes, hat sie ihr Alleinstellungsmerkmal bereits gut entwickelt und genutzt. Die Beobachtung größerer oder kleinerer Kanzleien dient dagegen eher der Erforschung von Trends oder Wachstumspotenzial und ist daher in ihrer Wirkung eher mittel- bis langfristig orientiert.

Neben der Marktbeobachtung und Marktanalyse, die den gesamten Markt betrachtet, liefert auch Benchmarking gute Hinweise für die weitere Entwicklung. Denn dadurch dass hierbei unter mehreren Kanzleien die jeweils beste als Referenzobjekt betrachtet wird, bietet diese Methode interessante Ansätze, um die Leistung einer Kanzlei oder einzelne Aspekte zu optimieren.

Status quo	Wunschpositionierung	Wettbewerb	
Fachlich: ... Service: ... Zielgruppe: ... Persönlichkeit: ...	Fachlich: ... Service: ... Zielgruppe: ... Persönlichkeit: ...	Kanzlei A: ... Kanzlei B:	Anwaltskanzleien bis x Mitarbeiter: ... ...

Abb. 3.6 Beispielmatrix zum Lückenerkennung

Abb. 3.7 Beispiel eines Netzdiagramms

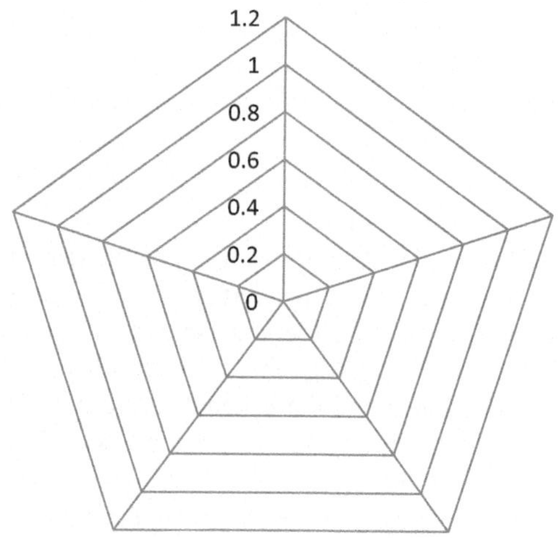

Lücken erkennen mit Methode

Hilfreich bei der Ermittlung der möglichen Abweichungen zwischen dem Ist-Zustand, der gewünschten Positionierung und dem Markt ist eine Matrix (vgl. Abb. 3.6). In der Tabelle erfasst die Kanzlei den zuvor ermittelten Status Quo in allen vier Bereichen. Dies ergänzt sie um die Details aus der angestrebten Positionierung und die Ergebnisse ihrer Marktrecherche. Durch die Gegenüberstellung der einzelnen Faktoren in einer Tabelle erhält sie schließlich einen guten Überblick darüber, wo sich noch Lücken ergeben.

Alternativ lassen sich Lücken sehr gut in Form eines Netzdiagramms darstellen (vgl. Abb. 3.7). Auf den einzelnen Achsen werden dazu die Ausprägungen der gewünschten Werte den tatsächlichen gegenübergestellt. So erkennt der Rechtsanwalt, Steuerberater oder Wirtschaftsprüfer auf einen Blick, wo er mit Blick auf sein Ziel und den Wettbewerb aktuell steht.

Lücken als Entwicklungshelfer

Die ermittelten Lücken dienen schließlich dazu, das eigene Alleinstellungsmerkmal und die Positionierung der Kanzlei zu schärfen und weiterzuentwickeln. Besonders wichtig sind diese Erkenntnisse, wenn der aktuelle USP noch nicht ausreichend zur Unterscheidung gegenüber dem Wettbewerb beiträgt oder nicht genug Begeisterungs- oder Identifikationspotenzial für Mandanten bietet. Erst durch den Abgleich zwischen Status Quo, Ziel und Marktumfeld wird das Entwicklungspotenzial deutlich. Führt die Kanzlei eine solche Analyse häufiger durch, ergeben sich zusätzlich im Zeitverlauf Hinweise auf Fortschritte. So erkennt sie schnell, wenn sie in ihrer Arbeit am Erfolgsfaktor Alleinstellungsmerkmal vorankommt und sich auf dem Weg zu einer starken Kanzleimarke befindet. Genauso fällt jedoch auf, wenn sie sich in ihrer Entwicklung sogar von ihrem Ziel entfernt. Auf diese Weise kann sie die nötigen Gegenmaßnahmen kurzfristig und rechtzeitig einleiten. Wichtig ist es in jedem Fall, die aufgedeckten Lücken zu nutzen, um geeignete Maßnahmen zu ergreifen, die die Kanzlei auf ihrem Weg voranbringen.

3.3 Maßnahmenplan entwickeln

Nach allen Vorarbeiten kann die Kanzlei nun daran gehen, einen Maßnahmenplan zu erstellen, mit dem sie nicht nur ihr Alleinstellungsmerkmal entwickelt und umsetzt, sondern auch eine attraktive Kanzleimarke schafft. Dazu gilt es als erstes, die zuvor herausgearbeiteten Lücken zu ihrer gewünschten Positionierung sowie die Lücken gegenüber dem Wettbewerb zu schließen. Diese können sowohl einzelne Aspekte umfassen als auch in verschiedenen oder sogar in allen Bereichen auftreten. Als mögliche Maßnahmen kommen hier Fort- und Weiterbildungen, Verbesserungen beim Service oder Investitionen in die eigene Person oder Kanzlei in Frage. Der Zeitraum bis die Kanzlei auf diese Weise ihr Ziel erreicht hat, kann dabei variieren. Denn dies hängt davon ab, wie groß die ermittelte Lücke in dem jeweiligen Bereich ist und welche Anstrengungen erforderlich sind, um sie zu schließen.

Zusätzlich zu den Überlegungen, wie und in welchem zeitlichen Rahmen die Kanzlei Lücken schließen will, muss der Rechtsanwalt, Steuerberater oder Wirtschaftsprüfer entscheiden, wie er seinen USP sichtbar werden lässt. Denn nur so kann dieser als Erfolgsfaktor für die Kanzlei wirken und seinen Beitrag zu einer starken Marke leisten. Das bedeutet: Der Maßnahmenplan beinhaltet auch die vorgesehenen Kommunikationswege und erste Schritte zur Umsetzung. Zudem sollte die Kanzlei darin berücksichtigen, welche Schritte sie selbst erledigen kann und will und welche externe Dienstleister übernehmen sollten.

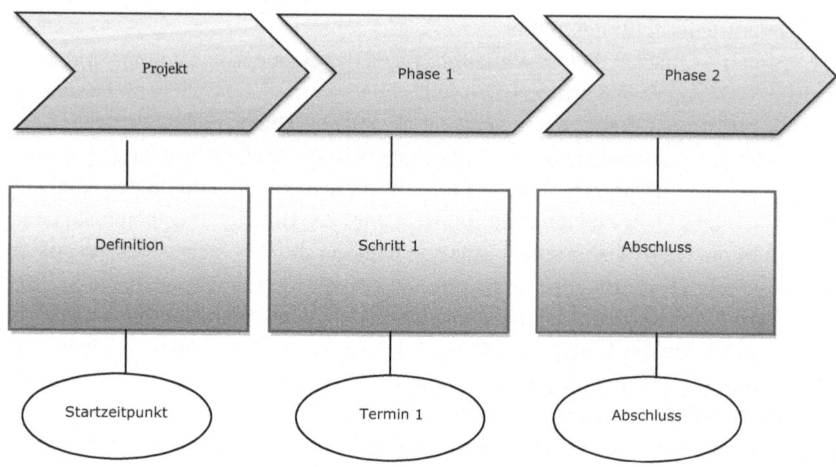

Abb. 3.8 Beispiel für Projektplanung

Empfehlenswert ist es, die notwendigen Schritte einschließlich der Zwischenschritte oder Meilensteine schriftlich festzuhalten (vgl. Abb. 3.8). Dazu gehört auch eine Terminplanung, die eine Erfolgskontrolle und – wenn nötig – weitere Anpassungen ermöglicht. Ob die Kanzlei dazu idealerweise eine Projektmanagement-Software verwendet oder mit Listen arbeitet, ergibt sich aus dem Umfang der notwendigen Maßnahmen. Sind größere Anpassungen nötig, dürften Listen nicht die nötige Übersicht bieten. Bei kleineren Lücken wiederum wäre eine Projektmanagement-Software wahrscheinlich überdimensioniert.

In die eigene Person und Kanzlei investieren

Je nachdem welche Lücken sich im vorherigen Schritt ergeben haben, heißt es nun, Zeit und/oder Geld zu investieren. So können im fachlichen Bereich Fortbildungen notwendig werden. Sei es, dass der Rechtsanwalt oder Steuerberater daran arbeitet, den Titel Fachanwalt oder Fachberater zu erlangen. Sei es, dass er zum Beispiel seine psychologischen Fähigkeiten weiterbildet und dadurch in Verhandlungen stärker im Sinne seiner Mandate agieren kann. In Frage kommen hier vielfältige Maßnahmen für den Kanzleiinhaber oder die Partner sowie die Mitarbeiter, die die Kanzlei fachlich oder zum Vorteil der Mandanten voranbringen. Der Mehrwert kann sich dabei auf eine bestimmte Zielgruppe beziehen oder allgemein für alle Mandanten spürbar sein. Entscheidend ist, dass die Kanzlei dadurch künftig einen besonderen Nutzen bietet, der sie auszeichnet und durch den sie sich vom Wettbewerb abhebt.

Neben der fachlichen Weiterbildung können Lücken in den Serviceleistungen geschlossen werden. Gerade hier gilt manchmal: „Kleine Änderung, große Wirkung." Denn im Service entscheiden oft Details über die Begeisterung von Mandanten. Mitunter sind dafür nicht einmal zusätzliche Investitionen nötig, sondern lediglich eine Umstrukturierung in der Organisation. Ein Beispiel hierfür sind die Kanzleiöffnungszeiten. Die Bereitschaft der Mitarbeiter vorausgesetzt, lassen diese sich mitunter leicht an die Bedürfnisse der Mandanten anpassen, ohne weitere Kosten zu verursachen. Anders ist es da, wenn regelmäßige Mandanteninformationen geplant werden. Allerdings entstehen auch hier oft nur zu Beginn größere Investitionen, zum Beispiel um Vorlagen von einem professionellen Grafiker entwerfen zu lassen. Stellt die Kanzlei selbst die Informationen dann später regelmäßig zusammen und versendet sie an ihre Mandanten, ist dann vor allem die dafür aufgewandte Zeit in die Kalkulation einzubeziehen. Anders sieht es aus, wenn der Rechtsanwalt, Steuerberater oder Wirtschaftsprüfer diese Informationen zukauft. Die Entscheidung, was für ihn der bessere Weg ist, sollte ebenfalls in die Überlegungen für den Maßnahmenplan einbezogen werden. Selbstverständlich kann sie später jederzeit an eventuell geänderte Anforderungen von Kanzlei und Mandanten angepasst werden.

Schließlich bleibt noch die Möglichkeit, die Kanzleiatmosphäre zu verändern. Das heißt: Je nachdem wie die Positionierung einer Kanzlei geplant ist, wird vielleicht der Umzug an einen anderen Standort nötig. Ebenso kann die Neugestaltung der bisherigen Kanzleiräume zu einer vollkommen anderen Wirkung und damit zu mehr Erfolg bei den Wunschmandanten führen. Dabei müssen die Räume oftmals gar nicht komplett verändert werden. Schon Details wie Bilder oder Fotografien an den Wänden können hier mitunter Pluspunkte bringen. Wichtig ist vor allem, dass das Erscheinungsbild der Kanzlei zur gewünschten Positionierung und zur Corporate Identity passt.

Die Außendarstellung des USP

Entscheidend für die Wirksamkeit des Alleinstellungsmerkmals ist die Kommunikation – verbal und nonverbal. Denn nur wenn es einer Kanzlei gelingt, nach außen zu zeigen, für was sie steht, kann sich der gewünschte Erfolg einstellen. Schließlich müssen Mandanten erkennen, was einen Rechtsanwalt, Steuerberater oder Wirtschaftsprüfer auszeichnet. Nur so können sie Vertrauen in ihn und die Kanzlei entwickeln. Und nur so können sie sich damit identifizieren und Begeisterung aufbringen. Möglich wird diese Außenwirkung durch ein gut gestaltetes Corporate Design. Um dieses Thema wird es daher in einem weiteren Essential gehen. Und möglich wird sie auch durch eine gezielte und gut geplante Kanzleikommunikation. Auch dieses Thema wird in einem weiteren Essential detailliert vorgestellt.

Zwingend erforderlich ist es in jedem Fall, den USP klar nach außen zu präsentieren. Das heißt auch, die Kanzlei sollte so wenige Abweichungen wie möglich zulassen. Dies würde zum Beispiel passieren, wenn eine Kanzlei zu viele Mandate außerhalb ihres Fachbereichs übernehmen würde. Selbst wenn sie diese nicht als Referenz nutzt, besteht immer das Risiko, dass sie bekannt werden. Dadurch bestünde jedoch die Gefahr, das gezielt entwickelte Alleinstellungsmerkmal zu verwässern. Und dann könnten potenzielle Mandanten sich fragen, ob sie mit ihrem speziellen Anliegen in der Kanzlei gut aufgehoben sind. Das Gleiche gilt auch für eine sich widersprechende Außendarstellung. Beispielhaft dafür wäre eine Kanzlei an einem schlechten Standort, die sich im gehobenen Business-Segment positionieren möchte. In einem solchen Fall sollten im Maßnahmenplan bereits geeignete Schritte vorgesehen werden, um die aktuelle Situation zu verändern.

Unterstützung suchen

Was der Rechtsanwalt, Steuerberater oder Wirtschaftsprüfer nicht unterschätzen sollte, ist: Die Entwicklung eines wirkungsvollen Alleinstellungsmerkmals und einer starken Kanzleimarke kann sich arbeitsintensiv und zeitaufwändig gestalten. Hinzu kommt oft, dass ohne fehlende Sicht von außen das Gespür für entscheidende Details fehlt. Vermeiden lässt sich dies durch die Zusammenarbeit mit externen Dienstleistern. So unterstützen auf Kanzleimarketing spezialisierte Agenturen den Kanzleiinhaber oder die Partner bei der Positionierung. Außerdem betreuen sie die Kanzlei bei der Entwicklung einer Kommunikationsstrategie und setzen diese gemeinsam mit ihr um. Auch eine punktuelle oder projektbezogene Zusammenarbeit ist denkbar. Wie Rechtsanwälte, Steuerberater und Wirtschaftsprüfer mit einer Agentur zusammenarbeiten und wie sie ihre Öffentlichkeitsarbeit organisieren beschreibt ein weiteres Essential zu diesem Thema.

Um keine wertvolle Zeit zu verlieren, sollte die Kanzlei sich in jedem Fall frühzeitig entscheiden, wie sie die Arbeit an ihrem USP und ihrer Positionierung bewältigen will. Schließlich soll das Alleinstellungsmerkmal als Erfolgsfaktor wirken und das Fundament einer starken Kanzleimarke bilden. Externe Unterstützung kann dabei wertvolle Beiträge leisten. Unabhängig davon, wie die Kanzlei hier letztlich entscheidet – wichtig ist, dass sie den für sich richtigen Weg wählt und einen USP entwickelt, der zu ihr passt. Denn damit legt sie die Basis, um sich vom Wettbewerb abzuheben und ihre Zukunft wirtschaftlich erfolgreich zu gestalten.

Was Sie aus diesem Essential mitnehmen können

- Die zunehmende Zahl an Wettbewerbern zwingt Rechtsanwälte, Steuerberater und Wirtschaftsprüfer dazu, ihr Alleinstellungsmerkmal zu entwickeln, wenn sie mit ihrer Kanzlei wirtschaftlichen Erfolg erzielen wollen.
- Das Alleinstellungsmerkmel der Kanzlei wird bestimmt durch die fachliche Expertise, den Service, die Zielgruppe oder spezielle Themenschwerpunkte sowie die Persönlichkeit des Inhabers oder der Partner.
- Das Alleinstellungsmerkmal sorgt dafür, dass die Kanzlei sich von ihren Wettbewerbern abhebt. Es gibt potenziellen und bestehenden Mandanten Orientierung und unterstützt dadurch bei der Mandantenakquise und Mandantenbindung.
- Das Alleinstellungsmerkmal bildet das Fundament für eine starke Kanzleimarke.
- Ein gut gewähltes Alleinstellungsmerkmal in Verbindung mit einer starken Kanzleimarke fördert höhere Honorare. Spezialwissen, Spezialthemen oder der besondere Service liefern gewichtige Argumente für eine Entlohnung nach individueller Vergütungsvereinbarung anstelle der in den Gebührenordnungen festgelegten Honorare.

M. Schäfer, *Erfolgsfaktor Alleinstellungsmerkmal,* essentials,
DOI 10.1007/978-3-658-06932-2

Zum Weiterlesen

Berndt, J. C. (2009). *Die stärkste Marke sind Sie selbst!* München: Kösel.

Berndt, J. C. (2012). *Die stärkste Marke sind Sie selbst! - Das Human Branding Praxisbuch.* München: Kösel.

Brand, M., & Ion, F. K. (2011). *30 minuten Die 16 Lebensmotive*. Offenbach: GABAL.

Friedrich, K., Malik, F., & Seiwert, L. J. (2009). *Das große 1×1 der Erfolgsstrategie: EKS – Erfolg durch Spezialisierung*. Offenbach: GABAL.

Friedrich, K., & Hack, K. (2012). *Fokus finden: Erfolg durch engpasskonzentrierte Strategie*. Staufenberg: Down to Earth.

Hübner, K., & Hübner, G. (2005). *Abenteuer Steuerberatung*. Wien: MANZ'sche.

Reiss, S. (2009). *Wer bin ich und was will ich wirklich? Mit dem Reiss-Profile die 16 Lebensmotive erkennen und nutzen*. München: Redline.

Sawtschenko, P. (2012). *30 minuten Positionierung*. Offenbach: GABAL.

Schieblon, C. (Hrsg.). (2013). *Marketing für Kanzleien und Wirtschaftsprüfer: Ein Praxishandbuch für Anwalts-, Steuerkanzleien und Wirtschaftsprüfungsunternehmen*. Wiesbaden: Springer Gabler.

Johne, T. (2012). In 5 Schritten zum USP. akademie.de. http://www.akademie.de/wissen/usp-entwickeln-in-5-schritten. Zugegriffen: 2. Juli 2014.

M. Schäfer, *Erfolgsfaktor Alleinstellungsmerkmal,* essentials,
DOI 10.1007/978-3-658-06932-2